HEYNE KOCHBÜCHER

Wolfram Siebeck

Aller Anfang ist leicht

Ein Kochseminar

WILHELM HEYNE VERLAG
MÜNCHEN

HEYNE-KOCHBUCH
Nr. 07/4446

3. Auflage
Wolfram Siebeck ALLER ANFANG IST LEICHT
Ein Kochseminar nach der Serie im ZEITmagazin

Umschlagfoto und Fotos der Seiten 62 und 63: Fotostudio Teubner, Füssen
Autorenfoto: Isolde Ohlbaum
Innenfotos: Rene Lauert/ZEITmagazin
Printed in Germany 1991
Gesamtherstellung: Friedrich Pustet, Regensburg
ISBN 3-453-40430-0

INHALT

ZWISCHEN LEBENSQUALITÄT UND FREIZEITSPASS – DAS KOCHEN

Meinungsforscher haben sich die Mühe gemacht herauszufinden, wie Deutsche am liebsten essen, wenn sie in ein Restaurant gehen. Fast die Hälfte – oder sollte man sagen, *nur* die Hälfte? –, nämlich 49 Prozent, liebt es deutsch, 51 Prozent mögen es anders. Besonders die 18- bis 30jährigen halten nicht viel von heimischer Kost: 79 Prozent von ihnen bevorzugen fremde Küchen, wobei die französische Küche mit großem Abstand vor der Balkan- und der italienischen Küche liegt. Dieses Ergebnis ist besonders interessant, wenn man es mit einer ähnlichen Umfrage von vor sieben Jahren vergleicht. Damals votierten noch insgesamt 68 Prozent der Bevölkerung für einheimische Kost! Wir haben es hier also mit einem Trend zu tun, dessen Stabilität durch den hohen Anteil von heranwachsenden Fremd-Schmeckern untermauert wird.

Nun halte ich die französische Küche keineswegs für eine fremde Küche. Ich habe oft genug darauf hingewiesen, daß der einzige Unterschied zu unserer Küche eigentlich darin besteht, daß in Frankreich mit den gleichen Produkten und nach den im Prinzip gleichen Rezepten nur sorgfältiger und qualitätsbewußter gekocht wird als bei uns. Eine steigende deutsche Vorliebe für diese ›französische‹ Küche bedeutet wohl nichts anderes, als daß unsere Esser mehr und mehr Wert auf Qualität legen und, das läßt sich nicht nur am Aufschwung unserer Spitzengastronomie erkennen, daß das Essen eine erweiterte Funktion bekommen hat, die irgendwo zwischen Lebensqualität und Freizeitspaß angesiedelt ist. Das bedeutet jedoch *nicht,* daß wir uns in eine Nation von Froschessern verwandeln, die vor dem Essen einen Absinth trinkt. Das tut nämlich auch in Frankreich nur eine Minderheit. Wir werden weiterhin die Kartoffel hochhalten, wir werden die Sahne dem Öl vorziehen und den Wirsing der Artischocke – wie die meisten Franzosen auch.

Mit eben solchen Überlegungen werde ich mich auf den nächsten Seiten auch beschäftigen. Also steht diesmal nicht die Feiertagsküche im Mittelpunkt mit ihren zwangsläufig aufwendigen Rezepturen, sondern eher deren Gegenteil: das alltägliche Essen. Das allerdings so, wie es sich die Gruppe der 18- bis 30jährigen mit ihrer Vorliebe für bessere Qualitäten vorstellen mag. Eine Anfänger-Küche also; wobei es von ungeheurem Vorteil ist, wenn ein Anfänger sich für sein Metier interessiert; wenn er also nicht kocht, weil er essen *muß,* sondern weil er dem Essen eine höhere Bedeutung zumißt als die notwendige Sättigung.

Ein Problem, mit dem Anfänger sich fast immer herumschlagen müssen, ist die Ausstattung ihrer Küche.

Es wäre unrealistisch zu erwarten, daß Studenten oder junge Ehepaare über eine komplett eingerichtete Küche verfügten. Die Qualität der Töpfe und Pfannen wird, zumindest bei den Jüngsten dieser Gruppe, mehr oder weniger unzureichend sein. Diesem Umstand tragen die folgenden Rezepte ebenso Rechnung, wie sie das Vorhandensein von Grundsaucen wie Fleischfonds nicht voraussetzen. Dennoch werde ich versuchen, meine Kochvorschläge nicht in die Region der Primitivküche abgleiten zu lassen. Qualität ist keine Frage der Kosten, sondern des Bewußtseins sowie der dafür investierten Mühe. Denn Qualität meint in diesem Zusammenhang zuerst: die Qualität der Lebensmittel. Und niemand, wenn er nicht zufällig in der Nähe des Münchner Viktualienmarktes wohnt, gelangt mühelos in den Besitz qualitativ hochwertiger Lebensmittel. Es macht ja sogar immer noch Mühe, ein gutes Brot auf den Tisch zu bringen, obwohl es heute in den Städten erfreulich viele Bäckereien gibt, die besseres Brot backen als je zuvor. Wenn dennoch auf acht von zehn Frühstückstischen Brötchen herumliegen, die mehr Ähnlichkeit mit einem Produkt der Kunststoffindustrie haben als mit den erwarteten, leckeren Muntermachern, dann liegt das nur daran, daß da jemand keine Lust hat, zum besseren Bäcker zu gehen, weil die Konfektionsbrötchen im Supermarkt gleich nebenan zu haben sind.

Das gleiche gilt für die bessere Buttersorte – ein in der Küche außerordentlich wichtiger Aspekt! – und mehr noch für die Fleischqualitäten. In diesem Punkt nützt oft der beste Wille nichts. Denn an den mittelmäßigen bis schlechten Fleischqualitäten in unseren Metzgereien ändert sich wenig. Sogar auf dem vorhin zitierten Münchner Viktualienmarkt, sonst wirklich ein Einkaufsparadies für Feinschmecker, ist es nicht möglich, Fleisch in Spitzenqualität zu bekommen. Und das liegt vor allem an den Konsumenten: Bevor sie die Metzger nicht auf ihren wässerigen und zähen Steaks sitzenlassen, sehen diese keinen Grund, ihrerseits bei den Züchtern auf besserer Ware zu bestehen.

Wie man es auch dreht und wendet: Wir, die Konsumenten, haben es in der Hand, ob die deutsche Küche bei der nächsten Umfrage weiter an Popularität verliert oder ob sich unsere Hausfrauen und Hausmänner darauf besinnen, daß die bevorzugte ›französische‹ Küche auch nur mit Kartoffeln, Butter und Wein kocht – alles Dinge, die auch bei uns erzeugt werden. Nur, leider, nicht in der benötigten Qualität. Speziell gezüchtet werden muß nur eine wichtige Zutat: die Unbescheidenheit des Konsumenten. Alles andere ist dann nicht schwer.

DIE GEWÜRZE

Gewürze spielen in unserer Küche die gleiche Rolle wie Goldzähne bei gewissen primitiven Volksgruppen. Je mehr einer davon hat, um so größer ist sein Ansehen. Vor allem sich selber hält so einer für einen ganz tollen Koch. Neben Pfeffer und Salz auch noch Majoran, Oregano und ein Dutzend anderer Gläschen auf dem Gewürzbord stehen zu haben gilt in deutschen Küchen als fortschrittlich; die Verwendung von Liebstöckel verrät kulinarische Kennerschaft.
Wirklich? Wenn ich mich in den Küchen der großen Köche umsehe, steht dort neben der Pfeffermühle eine Schale mit frischgehackter Petersilie und Schnittlauch, denn die werden täglich gebraucht. Vorrätig sind auch Lorbeerblätter und Wacholderbeeren sowie, je nach Lage des Restaurants, auch noch Thymian und Safran und Basilikum. Aber meterlange Gewürzbretter, wie sie jede Hausfrau vorweisen kann, haben Profis nicht. Ich habe an anderer Stelle prophezeit, daß Gewürze in unserer Küche zunehmend verwendet würden, nicht so exzessiv wie im Barock, als man Kraut und Rüben

mit Zimt und Salbei vermischte, aber dennoch deutlicher als bisher: als Ersatz für den verschwundenen Eigengeschmack der Produkte. Wenn die Tomaten nach nichts mehr schmecken, wenn die Hühner fade sind und die Kaninchen blaß, dann darf und sollte wieder stärker gewürzt werden. Doch dazu bedarf es der Einsicht, daß nicht jedes Gewürz zu allem paßt. Und vor allem dies: Gewürze müssen frisch sein! Damit sind nicht nur frischgezupfte Kräuter gemeint, sondern auch die getrockneten. Grundsätzlich sind zwar frischgezupfte Kräuter den getrockneten vorzuziehen. Aber da es frische Kräuter nicht immer und nicht überall gibt, würze ich selbstverständlich auch mit getrockneten. Und die sind nicht einmal schlecht. Wenn sie nur frisch sind – was in diesem Fall bedeutet: wenn sie nicht schon zwei Jahre auf dem Küchenregal herumstehen. Denn dann taugen sie bestenfalls noch zum Kräutertee. Erfahrungsgemäß sind aber 95 Prozent aller getrockneten Kräuter in unseren Küchen alt, sehr alt und uralt. Die gehören nicht ins Essen, sondern in den Mülleimer! Ich weiß natürlich, daß schon der Einkauf von getrockneten Kräutern riskant ist. Wer sagt mir denn, ob das Glas oder die Tüte im Laden nicht schon ein halbes Jahr oder länger auf den Käufer wartet? Gewürze soll man also möglichst nur dort kaufen, wo viele Gewürze gekauft werden, und immer in der kleinsten Packung, die vorrätig ist. Auch wenn er noch so billig ist und noch so sehr duftet: Der Thymian, den Sie am Mittelmeer kiloweise kaufen, verwandelt sich zu Hause schneller in Kräutertee, als Sie ihn ins Essen

streuen können. Außerdem sind Gewürze lichtempfindlich. Aus diesem Grund sind geschlossene Dosen oder Tüten besser als Gewürze im Glas.
Von den getrockneten Kräutern verwende ich in meiner Küche am häufigsten Thymian und Estragon. Beim Estragon kann es sogar sein, daß frischer Estragon weniger intensiv schmeckt als getrockneter – was man übrigens generell auch vom Thymian sagen kann, aber da liegen die Dinge anders, weil frischer Thymian *anders* schmeckt als getrockneter, wohingegen das Aroma von frischem Estragon oft nur an frisches Gras erinnert, was einerseits am Klima, andrerseits an der falschen Pflanzensorte liegen kann. Jedenfalls wird man von frischen Kräutern immer mehr brauchen als von getrockneten. Und während man getrocknete Kräuter während der gesamten Brat- oder Schmorzeit mitbraten oder -schmoren läßt, empfiehlt es sich, von den frischen Kräutern einen Teil erst der fast fertigen Speise beizugeben. Die frischen Kräuter halten das Braten und Schmoren nicht so gut aus wie die getrockneten. Letztere zerreibe ich übrigens immer auf dem Handballen, bevor ich sie an eine Speise gebe – so entfaltet sich ihr Aroma besser.
Sodann gibt es noch getrockneten Salbei, über den sich ähnliches sagen läßt wie über Thymian. Er wird nur viel seltener gebraucht und altert deshalb gern in der hintersten Ecke des Küchenschrankes vor sich hin.
Das sehr nützliche Basilikum muß unbedingt frisch sein. Petersilie, Schnittlauch, Dill und ähnliche Salatkräuter gibt es ohnehin das ganze Jahr frisch, da stellt

Das sehr
nützliche Basilikum
muß unbedingt
frisch sein.

Auch getrocknete
Gewürze
wie Safran, Pfeffer,
Lorbeerblätter,
Wacholderbeere und
Rosmarin sollten keine
Ladenhüter sein.

sich die Frage nach einer getrockneten Version erst gar nicht. Gewürze in Beeren- oder Körnerform kaufe ich nie gemahlen, da ist das meiste Aroma längst verschwunden. Beim Pfeffer zum Beispiel geht das so schnell, daß ich versehentlich zuviel geschrotene Körner nicht einmal einen Tag im Mörser aufhebe. Das hat etwas mit den ätherischen Ölen zu tun, die der Pfeffer hat und die sein Aroma transportieren; einmal freigesetzt, verduften sie, bevor man zweimal hingerochen hat. Mit Rosmarin habe ich gewisse Schwierigkeiten. Er wächst zwar in meinem Garten, besitzt aber keineswegs ein starkes Aroma wie seine Verwandten in der Provence; also kaufe ich ihn getrocknet. Dann aber sind die Nadeln so hart, daß sie im Essen stören. Deshalb verwende ich ihn in ohnehin rustikalen Gerichten (Lamm, Hammel) oder mache mir viel Arbeit mit ihm, damit er, zum Beispiel in einer fertigen Sauce, zwar noch zu schmecken, nicht aber zu sehen ist.

Andere Kräuter brauche ich nur in Ausnahmefällen. Die nostalgische Biedermeierküche und ihre Kerbel, Kresse, Minze, Majoran, Pimpinelle und wie sie alle heißen, mag für Gesundheitsapostel interessant sein. Zur Verfeinerung von Speisen finde ich sie selten geeignet, da sie sich nur selber in Szene setzen wollen und die Saucen um ihre Eigenart bringen. Sie haben ihre Berechtigung in der Diätküche, wo ohne Salz gekocht wird. Ich käme wahrscheinlich allein mit Pfeffer und Schalotten aus, weil es ein Universalgewürz gibt, das im Zweifelsfall alle anderen überflüssig macht: Butter. Dies hier ist wohlgemerkt keine Anleitung zur

gesunden Ernährung, sondern zum Kochen von leckerem Essen!
Hin und wieder koche ich mir etwas Asiatisches, deshalb habe ich immer Curry im Haus und ein Fläschchen der furchtbaren Sojasauce. Was hilft's – für manche Gerichte ist sie unentbehrlich. Für den Curry habe ich übrigens auch Verwendung in der Alltags- und in der Sonntagsküche! Und natürlich Cayennepfeffer. Ob der ebenfalls im Alter nachläßt, weiß ich nicht. Bei seiner höllischen Schärfe scheint das nicht der Fall zu sein. Er ist jedenfalls unter meinen Gewürzen der einzige Oldie.
Der gewöhnliche Pfeffer ist bei mir eine Mischung aus schwarzen und grauen Pfefferkörnern, unter die auch einige Pimentkörner gemischt sind (gibt es fertig von der Firma Hédiard). Das paßt vorzüglich zu allen Fleisch- und vielen Gemüsegerichten. Die Körner werden bei mir fast immer im Mörser geschrotet, möglichst grob, wenn es nur irgendwie mit dem Charakter der jeweiligen Speise zu vereinbaren ist.
Es gibt noch eine andere Methode, Speisen zu würzen, und ich mache mir keine Illusionen über ihre Beliebtheit. Ich meine Maggi, Fondor, Ketchup und was es da sonst an industriellen Gewürzmixturen gibt. Es gibt *keine* Gelegenheit, bei der ein anspruchsvoller Esser es bedauern müßte, sie auf den Müll geworfen zu haben.
Es darf gewürzt werden, gewiß. Es ist oft sogar unumgänglich, damit ein Gemüse, eine Suppe überhaupt einen Charakter kriegen. In der Feinschmeckerküche sind sogar extravagante Aromen denkbar. Fisch mit

Koriander, Hummer mit Kümmel, Leber mit Ingwer – alles ist möglich, wenn es Teil eines Menüs ist, in dem auch andere Würzungen zur Geltung kommen. Vor allem aber soll Eindeutigkeit herrschen, egal, ob es sich um brave Gartenkräuter handelt oder um effektvolle Exoten. Es muß erkennbar sein, was da gewollt ist. Deshalb ist es, abgesehen von deftigen Eintöpfen, nie ratsam, viele Gewürze gleichzeitig zu verwenden.
Zu den Gewürzen zählen auch Senf, Tomatenmark, getrocknete Pilze, Essig und Wein. Die Pilze werden fast immer Steinpilze oder schwarze Totentrompeten sein; sie haben das stärkste Aroma. Vom Senf gibt es inzwischen unzählige Abarten; ich habe die Erfahrung gemacht, daß ich mit einer scharfen Sorte auskomme. Zitrone, Pfeffer oder Estragon kann ich bei Bedarf selber zusetzen. Ähnliches trifft auf Essig zu. Sherryessig, Weinessig, weiß und rot, das reicht aus. Himbeer- oder Cidreessig sind zwar auch wunderbar, aber ich brauche sie nur sehr selten. Wein dagegen kommt bei mir fast immer ans Essen, und neben trockenen Weiß- und Rotweinen gehören dazu Südweine wie Sherry, Madeira, Portwein, Noilly-Prat. Bei Weißweinen wird fast immer ein leicht fruchtiger Tropfen mit betonter Säure benötigt, und generell nehme ich, wie auch beim Rotwein, von der Sorte, die ich auch zum Essen trinke. Das mag manchmal ein wenig verschwenderisch sein, aber daran ist nicht zu deuteln: Auch wenn der Alkohol des Weins in der Sauce verkocht, seine anderen Bestandteile bestimmen deren Qualität erheblich! Und wenn ich da nur einen flachen Säuerling oder eine liebliche

Banalität hineingieße, kann ich nicht erwarten, daß sie meine Sauce in ein Meisterstück verwandeln.
Unzählige Aufsätze und Broschüren sind mit ›Die Kunst des Würzens‹ überschrieben. Dabei ist Würzen keine Kunst. Schwierig ist allein das Abschmecken. Ich habe manchmal den Eindruck, daß es nicht erlernbar ist. Viele Köche, die die kompliziertesten Rezepte bewundernswert beherrschen, sind kaum in der Lage, ihre Kreationen so zu würzen, daß der Geschmackssinn ebenso befriedigt wird wie das Auge und die Nase. Sie sind wie farbenblinde Autofahrer. Diese wissen zwar, daß das untere Licht der Ampel grün, das obere rot ist. Sie wissen es, aber sie sehen es nicht. So wissen auch viele Köche, daß eine Drehung aus der Pfeffermühle genügt. Sie haben es im Gespür, wieviel Salz sie über die rohen Kartoffelscheiben streuen müssen – gut kochen können ist allemal eine Sache der Erfahrung. Doch es gibt noch eine darüber hinausgehende Stufe. Wie ein Koch sie erreicht, weiß ich auch nicht. Sicher aber gehört dazu, daß so einer auch Muskat nicht vorgemahlen aus dem Streuer benutzt, sondern die Nuß frisch über dem Topf raspelt. Der Geschmack ist dabei nicht anders als beim Muskatpulver. Der Unterschied liegt vielmehr in einer gewissen *Ungleichmäßigkeit*, welche durch die nicht so feinen Partikel der geraspelten Nuß entsteht, also eine Unvollkommenheit. Wer darin jedoch einen zusätzlichen, wünschenswerten Reiz sieht, besitzt damit zumindest schon das bessere Bewußtsein für richtiges Würzen.

DER SALAT

Ein Essen in Deutschland ohne eine Portion Salat, das ist wie eine italienische Oper ohne Tremolo. Salat muß sein, wenn wir uns zu Tisch setzen. Denn Genuß ohne jedwede Nützlichkeit ist bei der reduzierten Sinnlichkeit deutscher Zungen eine Rarität. Also essen wir Salat. Wir essen ihn nicht, weil er lecker wäre, sondern weil er gesund ist. Salat ist unsere grüne Reue für den fetten Schweinebraten.

Sie merken: Ich mache mir nichts aus Salat. Vor allem in der Form, wie er bei uns gegessen wird, als Beilage nämlich, ist er für mich nur eine naßkalte Belästigung von heißem Fleisch. Was übrigens die Vitamine angeht, so ist deren Anteil im Salat verschwindend gering im Vergleich zu den Bestandteilen, die die Industrie den grünen Blättern beigibt: Nach Waldpilzen ist Salat das am meisten verseuchte Naturprodukt auf unseren Tellern.

Dennoch bin ich kein Salatmuffel. Ich esse ihn dann und wann, und dann sogar gern. Aber eben nicht als Beilage, sondern als selbständigen Gang eines Menüs

oder als *salade niçoise,* also als sommerliches Hauptgericht, mittags, wenn die Sonne scheint. Doch diese *salade niçoise* ist in unseren Breitengraden eben nur im Sommer machbar. Denn es spielt ja eine große Rolle, daß die Tomaten auch richtige Tomaten sind und nicht wasserhaltige rote Kugeln, und der Stangensellerie darf nicht im Treibhaus groß geworden sein. Ebenso wichtig ist die Art der Oliven, die da hineingehören. Die kleine, längliche dunkelbraune Sorte muß es sein, wie sie tatsächlich in Nizza und Umgebung wächst, und nicht die grüne aus dem Glas und nicht die schwarze dicke aus griechischen Blechkanistern. Daß schließlich das Olivenöl von feinster Qualität, das heißt von kräftigem Geschmack sein muß, versteht sich von selbst. Doch sogar das ist nicht beim Kaufmann an der Ecke zu kriegen. Und so ist denn auch eine *salade niçoise* letzten Endes ein Gericht, das, wenn es wirklich gut sein soll, Mühe macht und keineswegs huschhusch zusammengemischt werden kann.
Die meisten anderen Salatmischungen sind ebenso fragwürdig wie Mehrfruchtmarmeladen: Es fehlt ihnen der Charakter. Und die häufigste ist gleichzeitig die schrecklichste: der gemischte Salat der deutschen Gastronomie. Eigentlich müßte *er* im Ausland als Symbol für das Barbarische an unserer Küche gelten und nicht das Eisbein mit Sauerkraut. Denn bei diesem kann das Sauerkraut noch ganz lecker sein. Beim gemischten Salat berechtigt kein Detail zu ähnlicher Hoffnung: weder der gekochte Sellerie aus der Konserve noch die geraffelten Möhren aus dem Glas, die eingelegten Pa-

prikastreifen mit ihrem Chemieanteil nicht und auch nicht die Tomatenscheiben aus dem Eisschrank, die Gurkenscheiben mit Kernen und der ganzen Wässerigkeit dieses Gemüses ebensowenig wie die Salatblätter selber, die zu groß, zu naß und natürlich ebenfalls eisschrankkalt sind. Dieses bunte Durcheinander schwimmt in einer Brühe, die als sauren Regen zu bezeichnen nicht falsch wäre. Ist der betreffende Koch nicht nur ein Dilettant, sondern auch noch sadistisch veranlagt, dann mischt er zusätzlich noch rohe Zwiebelringe und Chicorée unter. Mit diesem Rohkosthaufen ist dann der Gipfel an kulinarischer Unkultur erreicht. Dabei handelt es sich nicht etwa um ein Relikt aus der Steinzeitküche, sondern um etwas, das von vielen als moderne Küche angesehen wird: Denn für modern wird gehalten, was bunt ist, ›originell‹ serviert wird (z. B. im Holznapf) und total künstlich schmeckt. Beim Salat wird letzteres mühelos mit Hilfe des sogenannten Dressings erreicht. Die hier und da anzutreffende Sitte, Salat mit Zucker und Zitrone anzumachen, ist nichts als der aberwitzige Versuch, den Ungeschmack der bunten Künstlichkeit noch zu übertreffen. Mit der Beschreibung solcher Bräuche habe ich allerdings das Gebiet der Feinschmeckerei verlassen. Dagegen macht sogar der Gurkensalat noch eine gute Figur (mit Sahne und Dill), obwohl er bestenfalls zur Bierküche gehört und in neun von zehn Fällen an die letzte Hochwasserkatastrophe erinnert.

Hätten nicht einige intelligente Köche demonstriert, daß auch Salate zur feinen Küche gehören können, wäre es unnötig, hier überhaupt über die grünen Blätter zu reden. Aber Salat kann ja delikat sein. Nämlich im Sommer, wenn die Blätter nicht mehr papierdünn, sondern fest und glatt sind. Im Winter ist es der Feldsalat, der uns entzücken kann, oder junger Spinat mit Walnüssen. Doch der Markt bietet auch noch andere Sorten.

Der Chicorée ist ein schönes Gemüse, das sich mannigfach verarbeiten läßt. Merkwürdigerweise aber wird er auch roh als Salat gegessen, was nur auf der irrigen Annahme basieren kann, daß Menschen die gleichen kulinarischen Gelüste hätten wie Kaninchen. Einer ähnlich unverständlichen Beliebtheit erfreut sich der Eissalat, der praktisch nach nichts schmeckt und auch keinen Geschmack annimmt. Außerdem scheint sich niemand an dem Lärm zu stören, den er beim Essen verursacht; da hat wohl die inflationäre Verwendung der Formulierung vom ›knackigen Salat‹ die natürlichen Hemmungen vor dem Undelikaten ebenso beseitigt, wie jene von den ›al dente gekochten Nudeln‹ uns in Rohmehl-Esser verwandelt hat. Knackig soll doch wohl nichts anderes bedeuten als frisch, so frisch wie möglich, und nicht matt, verwelkt. Deshalb muß aber der Kauvorgang noch lange nicht von krachenden Geräuschen begleitet werden.

Auch der Frisée ist ein relativ harter Salat. Er hat zwar wenig Charme, dafür aber Charakter, der nur eines Helfers bedarf, um ans Tageslicht gebracht zu werden; warme kleine Speckstücke eignen sich dazu am besten:

Den Frisée gründlich waschen. Nur hellgrüne und gelbe Blätter verwenden. Beim Einkauf darauf achten, daß sie nicht schon alle dunkelgrün sind, dann schmecken sie bitter und sind an den Spitzen oft schon angefault. Gut trockenschleudern. Aus geräuchertem Bauchspeck 5 mm dünne Scheiben schneiden. Dieser Speck – in Süddeutschland wird er Wammerl genannt – hat unvermeidlicherweise viele kleine Knorpel. Jeder weiß, daß sie ungenießbar sind. Aber schneidet sie auch jeder Koch, jede Hausfrau heraus? Wir tun es. Aus den knorpellosen Speckscheiben, die zur Hälfte aus magerem Rauchfleisch, zur anderen Hälfte aus fettem Speck bestehen sollten, schneide ich dann ungefähr 2,5 cm lange Streifen, die ich in einer kleinen Pfanne bei mäßiger Hitze auslasse, worauf ich die Hitze verstärke und die Speckstücke leicht anbrate. Das ausgelassene Speckfett vertritt hier das übliche Öl. Es wird zusammen mit den Speckstücken über die vorher gesalzenen und gepfefferten Salatblätter geschüttet, die noch heiße Pfanne mit Rotweinessig abgelöscht und dieser ebenfalls untergemischt.
Das klingt wie eine recht rustikale Zubereitung, und das ist es auch. Keine Spur von der eigentlich selbstverständlichen sorgfältigen Mischung einer Vinaigrette. Abschmecken ist nicht möglich, Nuancen kommen nicht vor. Also eine ziemlich primitive Methode, einen Salat anzurichten. Aber dennoch: Entgegen aller Wahrscheinlichkeit paßt dieser Salat als Vorgericht durchaus auf einen gepflegten Tisch. Und wenn ich, wie die Hausfrauen im Beaujolais, in diesen Salat noch

pro Portion ein weichpochiertes Ei untermische und zusätzlich eine Handvoll geröstete Weißbrotwürfel (hier ist Butter das bessere Fett), so habe ich bereits ein kleines, hungerstillendes Gericht, zu dem ich übrigens furchtlos einen kühlen Beaujolais trinke. Damit wäre dann die alte und, wie ich meine, selten berechtigte Regel: niemals Wein zum Salat!, verletzt. Man kann durchaus Wein zum Salat trinken, wenn es sich um einen nicht so edlen Wein, dafür aber um einen um so edleren Essig handelt.

Damit wäre ich bei der *Vinaigrette*; denn deren Qualität steht und fällt mit der Qualität von Essig und Öl. Man kann es Geschmackssache nennen, welche Ölsorte jemand vorzieht. Für mich gibt es nur zwei: Oliven- und Walnußöl. Was den Essig angeht, so kennt jeder den alten Spruch: Essig wie ein Geizhals, Öl wie ein Verschwender. Wie alle alten Sprüche taugt er wenig, und zwar um so weniger, je mehr der Essig etwas taugt. Er stammt wohl aus der Zeit, als Weinessig eine Rarität war, von den unzähligen Varianten, die uns heute zur Verfügung stehen, ganz zu schweigen. Heute ist ein guter Essig milde, und vom Sherryessig nur ›wie ein Geizhals‹ zu nehmen, ergäbe niemals eine gute Vinaigrette. Bei deren Herstellung ist übrigens zu beachten, daß das Öl immer als letzter Bestandteil zugegeben wird. Würde Öl nämlich gleich zu Anfang über gehackte Schalotten oder grüne Kräuter oder andere mögliche Ingredienzen gegossen, würde sich um diese ein Ölfilm bilden, der kein anderes Aroma mehr heranließe.

Der Frisée
ist ein relativ
harter Salat.
Er hat zwar
wenig Charme,
dafür aber Charakter.

Eine recht
rustikale Zubereitung:
Frisée mit
ausgelassenem Speckfett
und Rotweinessig.

Also zuerst den Essig in die Schüssel, da hinein eventuell etwas Senf oder/und zerdrücktes hartgekochtes Eigelb, gut verrühren, salzen, pfeffern, eine Prise Zucker darf ebenfalls nicht fehlen und dann erst das Öl langsam unter ständigem Rühren hinzufügen und gegebenenfalls noch gehackte Kräuter untermischen. Welche und wie viele gleichzeitig, das ist eine Ermessensfrage.

Wenn auch eine Salatsauce immer Vinaigrette heißt, so muß sie doch nicht immer gleich schmecken. Sie wird erst im letzten Moment vor dem Servieren mit dem trockenen Salat vermischt. Trockener Salat: Wie selbstverständlich ist das und wie selten! Dabei muß heute niemand mehr einen Balkon haben, auf dem er am aerobisch wirbelnden Arm das Drahtnetz mit dem gewaschenen Salat trockenschleudert. Von der Firma Moulinex gibt es eine ebenso praktische wie preiswerte Salatschleuder in allen Kaufhäusern und somit keine Entschuldigung dafür, daß eine Vinaigrette verwässert wird, was ihr ebenso schlecht bekommt wie einem Wein. Übrigens mache ich eine Salatsauce immer gleich für mehrere Tage und hebe sie in einem Marmeladenglas mit Schraubdeckel auf. Vor Gebrauch wird sie darin geschüttelt wie in einem Cocktailshaker.

In einigen deutschen Landschaften existiert noch die Sitte, Salat mit Sahne anzumachen, was ich für eine hübsche folkloristische Arabeske halte, die manchmal mit ebenso folkloristischen Gerichten eine überraschende Harmonie bildet. Wo die Sahne allerdings

durch Joghurt ersetzt wird, handelt es sich um die Imitation einer Folklore: Alt-Heidelberg nachgebaut in Disneyland.
Es wäre unvollständig, in einer Betrachtung über Salat zu verschweigen, daß, ausgehend von einem Rezept aus der Küche des vorigen Jahrhunderts, nämlich vom ›Russischen Salat‹, in vielen deutschen Haushaltungen Salatmischungen mit Mayonnaise zubereitet werden, unter denen ein Nudelsalat mit Kochwurst und Mayonnaise zweifellos die bemerkenswerteste ist. Wie es scheint, sind solche Kreationen nicht mehr so in Mode wie in den fünfziger Jahren, als sie auf allen Nierentischen herumstanden, wenn Gäste eingeladen waren. Daß sie die Gastlichkeit damals nicht zum Erliegen gebracht haben, zeigt, wie zäh Gäste sein können.

REIS, DIE SPARSAME SPEISE

Ich werde immer wieder gefragt, ob ich denn zu Hause, wenn niemand zusieht, auch so große Ansprüche ans Essen stelle wie in Restaurants oder ob ich nicht heimlich auch schon mal eine Bratwurst verdrücke. Bratwürste, nein, die esse ich nicht. Wenn es denn bescheiden sein muß – und das ist sehr häufig der Fall –, dann koche ich einen Reistopf.
Nudeln und Reis, das sind wohl die beiden billigsten Nahrungsmittel, aus denen sich trotz ihrer Alltäglichkeit Gerichte herstellen lassen, die eindeutig zur Feinschmeckerküche gehören. Beide besitzen viele Kohlehydrate, sind also bei unserer Ernährungsweise mit dem vielen Eiweiß notwendig – wie uns die Fachleute sagen. Ich bevorzuge den Reis. Nudeln scheinen mir zu wenig Variationsmöglichkeiten zu bieten. Mit dieser Vorliebe bin ich nicht allein. Immer mehr Zeitgenossen glauben, in einer konsequenten Körnerernährung ein Mittel gegen viele Krankheiten, oder doch wenigstens zu deren Verhütung, gefunden zu haben. Ich kann mich dazu nicht äußern. Bei meinen kulinarischen

Vorlieben spielt der gesundheitliche Wert einer Speise nur eine untergeordnete Rolle. Notorisch stark mit Giften belastete Produkte meide ich, gewiß. Den Reis esse ich aber nicht, weil er möglicherweise gesund ist. Er schmeckt mir.

Es gibt geschälten, ungeschälten und wilden Reis. Letzterer ist manchmal sehr lecker. Ich weiß, daß gewisse Orientalen, die es sich leisten können, ihn mit Kaviar vermischen. Eine lächerliche Methode, teuer zu essen, sollte man meinen. Meinte ich auch – bis mir jemand diese Mischung vorsetzte. Nun finde ich allein schon den wilden Reis zu teuer, also blieb es bei diesem einen Versuch. Der ungeschälte Reis wiederum ist mehr gesund als delikat. Deshalb begnüge ich mich mit dem normalen, geschälten Reis, und zwar mit jener Sorte, die unter dem Namen Patna-Reis bekannt ist. Es sind lange, schmale Körner, die nicht sehr stark quellen und deshalb nicht so mehlig sind und nicht so leicht matschig werden wie andere Sorten. In unseren Geschäften sind vor allem zwei Marken vertreten: ›Uncle Ben's‹ und ›Kraft-Reis‹. Ich bevorzuge die letztere. Die italienischen Risotto-Gerichte, die offenbar matschig sein *müssen,* mag ich nicht, oder, um gerecht zu sein, ich mag sie nur bei zwei, drei italienischen Köchen, die es fertigbringen, daraus etwas mehr als einen plumpen Magenfüller zu machen.

Über die richtige Art, Reis zu kochen, ist sehr viel geschrieben worden; nicht selten finde ich bei den jeweiligen Belehrungen einen weltanschaulichen Unterton. Mir ist es ziemlich egal, ob ich Reis linksherum rühren muß oder rechtsherum, damit die bösen Geister gebannt und die guten angelockt werden; mich interessiert das Resultat. Und dazu kann ich nur sagen: Es kommt nicht so darauf an! Ob nämlich der Reis vorher in Öl oder Butter leicht angeschwitzt wird, bis er glasig ist, oder ob er ohne weitere Umstände einfach mit Wasser aufgesetzt wird, spielt nach meinen Erfahrungen keine Rolle. Bedeutsam ist lediglich, daß es sich tatsächlich um Patna-Reis handelt. Unwichtig für den Geschmack finde ich darüber hinaus die Frage, ob Reis denn vor dem Kochen erst einmal gründlich gewaschen werden muß. Ich habe alles ausprobiert: Bei mir wird er nicht gewaschen. Vielleicht bin ich nun für die Reis essende Gemeinde unter meinen Lesern der letzte Banause; und freiwillig gestehe ich eine gewisse Leichtfertigkeit im Umgang mit diesen sympathischen Körnern. Kann durchaus sein, daß ich ihrer nicht wert bin.

Dabei esse ich Reis sehr gern. Ich bewundere die unendlichen Möglichkeiten, die er einem experimentierfreudigen Koch bietet, ich schätze seine Bekömmlichkeit, und dankbar nehme ich zur Kenntnis, daß ich zu den meisten Reisgerichten keine Flasche Wein aus dem Keller holen muß. Grüner Tee oder Bier paßt viel besser. Reis ist also im doppelten Sinne eine sparsame Speise. Außerdem ist es durchaus möglich, viele Tage hintereinander Reis zu essen, was ich mit Nudelgerichten nicht ausprobieren möchte. Wenn Reis auch auf verschiedene Weise serviert werden kann, der Anfang eines jeden Rezeptes ist immer gleich:

Die benötigte Menge Reis in einen Topf geben und mit kaltem Wasser so auffüllen, daß die Körner gut bedeckt sind, aber nicht mehr. Zum Kochen bringen. Aber was heißt hier Topf? Und: Wasser – und sonst nichts? Es geht also schon wieder los . . .
Der Topf sollte möglichst breit sein, das heißt, der Reis darf nicht hoch übereinanderliegen, er würde sonst ungleichmäßig gar. Und da es nun einmal die Kleinigkeiten sind, die über das Gelingen eines Rezeptes entscheiden, spielt auch die Qualität des Topfes (wie immer) eine Rolle. Ideal sind Töpfe, deren Seitenwände genauso heiß werden wie der Boden. Das setzt ein sehr leitfähiges Metall, besser noch: Legierung, voraus. Über den Vorzug bestimmter Kupfertöpfe habe ich bereits geschrieben. Die Anfängerköche werden sie sich nur nach und nach leisten können. Dennoch sollten Töpfe als ganz wichtiger Punkt angesehen werden. Lieber zunächst nur mit zwei Töpfen auskommen müssen, auch wenn die Anschaffung hinausgeschoben werden muß. Und es muß nicht gleich ein ›GL‹-Kupfergeschirr von Spring sein. Die gleiche Legierung, ohne die Kupferauflage, haben auch die Töpfe der ›Kristall‹-Serie, die nicht so teuer (aber immer noch nicht billig) sind. Auch in den gußeisernen Töpfen von Le Creuset gerät der Reis gut; sie brauchen nur länger, bis sie an allen Stellen heiß sind.
Aufgießen mit kaltem Wasser – das ist der normale Vorgang, der in der Praxis am häufigsten vorkommt. Das Wasser wird nur leicht gesalzen. Besser als Wasser aber ist Fleischbrühe. Die darf auch aus der Dose

Unendliche Möglichkeiten bietet der Reis dem experimentierfreudigen Koch.

Besonders
schmackhaft
ist Safran-Reis,
aufgegossen mit einer
Wein-Hühnerbrühe.

sein, wenn sie nicht zu salzig ist. Hühnerbrühe ist noch besser, und ideal ist eine Mischung aus Hühnerbrühe und Weißwein. Diese (oder das Wasser) einmal kräftig aufkochen lassen und den Topf dann auf eine andere Kochplatte schieben, die auf die kleinstmögliche Stufe gestellt ist. Deckel drauf und 20 bis 30 Minuten ziehen lassen. Deckel ab, den Reis probieren. Wenn er bereits sehr trocken, das heißt alles Wasser verdunstet ist, der Reis aber noch etwas hart schmeckt, dann kann man bedenkenlos ein wenig heißes Wasser drangeben. Wenn er so gut wie gar, aber noch zu feucht ist, läßt man ihn ohne Deckel noch einige Minuten auf der warmen Platte stehen, die restliche Feuchtigkeit verdunstet dann schnell. Nur zu weich *und* zu feucht darf er nicht sein, aber das passiert fast nie. Eine sehr praktische Eigenart des Patna-Reis ist, daß er, wenn er fertig ist, noch relativ lange weiter warmgehalten werden kann, ohne daß er austrocknet.

Nun ist der fertiggekochte Reis ja erst die Basis für einen Reistopf. Alles, was da jetzt zusätzlich hinein soll, muß extra gekocht werden und wird erst kurz vor dem Servieren untergemischt. Nur wenn es ein *Safran-Reis* werden soll, dann muß der pulverisierte Safran von Anfang an mit der Flüssigkeit zum Reis gegeben werden. (Eine Messerspitze genügt für 2 Portionen.) Und da Safran-Reis so besonders schön und schmackhaft ist, tue ich ein übriges und gieße den Reis nicht mit Wasser auf, sondern mit der erwähnten Wein-Hühnerbrühe-Mischung. Unter den fertigen Reis dann unbedingt einen Eßlöffel Butter geben, das macht ihn glänzend und geschmeidig und schmeckt noch besser. Eigentlich brauche ich nun keine weiteren Zutaten mehr. Doch bei den vielen Möglichkeiten wäre solche Bescheidung schon sehr frugal. Da Safran vor allem in der mediterranen Fischküche vorkommt, empfehlen sich Muscheln oder Scampis oder Tintenfisch oder Garnelen oder Fische mit festem Fleisch, alle entsprechend ihrer Art entweder kurz in Öl angebraten oder gargedünstet und sodann in kleine Stücke zerteilt. Dies ist überhaupt eine generelle Regel für alle Reisgerichte: die Einlagen möglichst klein schneiden und alle Bestandteile ungefähr gleich groß. Bei den Gemüsen nehme ich die Erbse als Maß, die in manchen meiner Reistöpfe eine sowohl farblich dekorative als auch wohlschmeckende Rolle spielt. Also Lauch in entsprechend kleine Stücke schneiden, bevor er in wenig Wein gargedünstet wird; ebenso Paprikaschoten. Es sieht nicht nur hübsch aus, wenn gelbe, rote und grüne Paprikaschoten unter den Reis gemischt werden, sie haben auch jeweils einen verschiedenen Geschmack! Allerdings auch eine verschiedene Festigkeit, was bedeutet, daß sogar die Paprikaschoten getrennt gedünstet werden müssen. Und wenn sie schon einmal getrennt dünsten – und weil sie ja sehr klein gewürfelt sind, geht das ruckzuck –, würze ich auch jede Sorte anders: die gelben etwas süßlich, die roten säuerlich und die grünen scharf. Weißkohl mariniere ich, nachdem er in die bewußten kleinen Stücke geschnitten wurde, manchmal in Sojasauce oder gebe ihm, während er in einer Kasserolle weichdünstet, kleingehackten, frischen Ingwer bei. Und so geht das weiter. Frische Champignons oder getrocknete Pilze sind mir im Reis ebenso willkommen wie geschmorte Äpfel, Fischstücke und Mandeln, denen ich mit einer großzügigen Menge Curry ein exotisches Aroma anstreue.

Bei Fleisch als Einlage gibt es keine Einschränkung: Alles ist verwendbar, es muß nur gar sein (Resteverwertung!) und klein geschnitten. Die erwähnte Hühnerbrühe ist theoretisch immer dem Leitungswasser vorzuziehen. Dennoch verwende ich sie nur selten. Nur wenn ich gewisse kostbare Zutaten nehme (ich sprach bereits vom Safran, der ja durchaus etwas Kostbares ist) oder wenn ich bewußt etwas besonders Delikates herstellen will, hilft sie mir, den Reis zu veredeln. Meistens stelle ich die Hühnerbrühe selber her – aus tiefgefrorenem Suppenhuhn! Nach wie vor halte ich tiefgefrorene Hühner für ungenießbar, ja, sie sind für mich geradezu das Symbol für das aus Bequemlichkeit verkommene Qualitätsbewußtsein unserer Zeit. Doch eine Hühnerbrühe herstellen, die wiederum nur zum Reiskochen verwendet wird, das schaffen die tiefgefrorenen gerade noch. Überdies sind sie sehr billig. Die Brühe von einem Huhn reicht, auch wenn sie stark reduziert wird, für mehr als einen Reistopf. Viele Gemüse gewinnen, wenn sie in Brühe anstatt in Wasser gekocht werden, und welche segensreiche Rolle eine Hühner- oder Fleischbrühe in den meisten Saucen spielt, habe ich an anderer Stelle beschrieben. Wenn sie immer wieder einmal aufgekocht wird, hält sich eine Hühnerbrühe gut eine Woche im Eisschrank.

KARTOFFELN UND SONST (FAST) NICHTS

Schwer verständlich als Entschuldigung für die fehlende Qualität einer Speise ist die Kostenfrage. ›Ich kann mir nicht jeden Tag Fleisch leisten, und Ihre *haricots verts* schon gar nicht und auch keine Hechte, Zander und dergleichen‹, höre ich immer wieder. Ich kann das auch nicht. Ich möchte das nicht einmal. Die wenigsten Menschen möchten tagein, tagaus Delikatessen essen. Aber gut essen, ja; das ist ja nichts anderes als gute Luft atmen, als gutes Wasser trinken. Und das geht auch billig. Das geht so billig, daß es keinen ökonomischen Grund gibt, Hamburger zu verschlingen oder Fertiggerichte aus der Tiefkühltruhe. Ich habe den Verdacht, daß die angeblich so viel billigeren Fertiggerichte lediglich aus Bequemlichkeit bevorzugt werden. Natürlich macht es weniger Mühe, so eine kalte Packung aufzureißen und ins heiße Wasser zu werfen. Aber geht dabei nicht auch ein Stück kulinarischer Würde verloren? Bestätigen wir in solchen Momenten nicht jene Zyniker, die uns für kritiklose Trottel halten? Die Bequemlichkeit beginnt ja nicht erst beim

Kartoffelschälen. Genügsamkeit kann auch eine Art von Bequemlichkeit sein. Denn jedes Verlangen nach Qualität schließt Bemühungen ein, die, jedenfalls in der Küche, mit gewissen Anstrengungen verbunden sind. Das ist beim Lammkotelett so, das ich einfach in die Grillpfanne legen oder aber im Ofen mit speziell hergerichteten Zugaben in ein kleines Meisterwerk verwandeln kann. Und das ist bei der billigen Kartoffel nicht anders.

Beschäftigen wir uns also mit der Kartoffel. Kartoffel als Hauptgericht, ohne Fleisch, ohne Fisch, ohne Eier. Seine sicherlich schönste Erfüllung findet dieses Nachtschattengewächs als Gratin, als im Ofen überbackene rohe Kartoffelscheiben. In der gutbürgerlichen Küche jenseits des Rheins ist ein *Kartoffelgratin* zunächst einmal eine Beilage zu feinen Sachen wie Lammrücken und so weiter. Aber auch dort wird ja nicht immer teuer gekocht. Und als selbständige Speise gibt es für unsere Zungen mit ihren bestimmten Vorlieben und Gewohnheiten sicherlich nichts Besseres als ein Kartoffelgratin. Das entsprechende Rezept dürfte inzwischen bekannt sein; ich will hier nur kurz an die entscheidenden Einzelheiten erinnern:

Die verwendete Kartoffelsorte sollte mehlig-festkochend sein, also sowohl als auch; die Scheiben werden nur 2 mm dünn gehobelt und insgesamt in nicht mehr als vier Lagen übereinandergeschichtet, von denen jede einzelne gewürzt wird (Salz, Pfeffer, Muskat). Wenn Knoblauch sein darf, dann wird die Gratinform vor dem Ausbuttern damit eingerieben oder der Knoblauch mit der Presse nach dem Ausbuttern in die Form gepreßt. Die Flüssigkeit, mit der aufgegossen wird, besteht aus gleichen Teilen Sahne und Crème fraîche, die vorher miteinander verquirlt werden. Dient das Gratin als Beilage zu einem Fleisch mit Sauce, darf die Flüssigkeit magerer sein. Oben drauf gebe ich auch noch einen Klacks von der dicken Creme. Je langsamer diese Mischung im Ofen gart – bei entsprechend niedriger Temperatur –, um so besser. Zu hohe Temperaturen verschaffen dem Gratin zwar schon sehr bald eine schöne goldbraune Farbe an der Oberfläche, aber innen sind die Kartoffeln dann noch halbroh. In diesem Fall hilft abdecken mit einer Alufolie und tiefer setzen. Als selbständiges Gericht läßt sich das Gratin durch die verschiedensten Zutaten anreichern: mit geriebenem Gruyère bestreut (von dem auch die Milchsahne etwas enthalten soll), mit einer Lage eingeweichter Trockenpilze in der Mitte, mit zerhackten und gewürzten Hühnerlebern, mit einer Lauchschicht, bis hin zu der luxuriösen Variante, die ich in Louis Outhiers ›L'Oasis‹ in La Napoule gegessen habe: mit schwarzen Trüffelscheiben und in Trüffelsaft gegart.

Nun braucht man für ein Kartoffelgratin unbedingt einen Backofen. Aber auch auf dem Herd läßt sich mit Kartoffeln mehr anstellen als die obligaten Bratkartoffeln. Ich denke da an *Kartoffel-Gemüse.* Sie sind praktisch narrensicher, denn die Zutaten werden gekocht, es kann also nichts verbrennen. Außerdem kann das Würzen immer noch nachgeholt werden, wenn die erste Prise nicht ausreichend war. (Was beim Kartoffel-

Die billige
Kartoffel
als Hauptgericht –
ohne Fleisch,
ohne Fisch,
ohne Eier.

Ihre schönste Erfüllung
findet die Kartoffel
als Gratin –
im Ofen
überbackene
rohe Kartoffelscheiben.

gratin leider nicht möglich ist, deshalb schmeckt es oft so fade.) Wieder empfiehlt sich eine Sorte, die weder zur festkochenden noch zur mehligen Sorte gehört; etwas Bindemehl soll sie an die Flüssigkeit abgeben, aber nicht breiig werden.

Als Ausgangspunkt dient mir die Erkenntnis, daß Kartoffel und *Lauch* zusammenpassen wie Samt und Seide. Grundsätzlich beginnt jede Variante dieses Eintopfes mit der gleichen Prozedur: Die Kartoffeln (eine faustgroße pro Person) werden geschält und halbiert. Die Hälften wiederum waagrecht halbieren und senkrecht in Längsstreifen schneiden, welche nun mit dem Kochmesser in Würfel zerschnitten werden. Also das gleiche Prinzip wie bei den Schalotten, nur nicht so fein: Die Kartoffelwürfel sollten ungefähr Erbsengröße haben. Gleichzeitig wird pro Esser eine mittlere Stange Lauch von den äußeren und dunkelgrünen Blättern befreit, halbiert und gut gewaschen. Die halbierten Stangen werden noch einmal der Länge nach und dann quer in kleine Stücke zerteilt, kaum größer als die Kartoffelwürfel. Beide werden zusammen in wenig (!) Salzwasser mit einer guten Prise Estragon aufgesetzt und ohne Deckel gargekocht. ›Eine gute Prise‹, das bezieht sich auf getrockneten Estragon; vom frischen darf es ein ganzer Stengel mit seinen Blättern sein. Abschütten und pro Portion 1 EL Crème fraîche dazugeben. So genau kommt es auf die Menge nicht an, ohnehin ist das ja erst die Hälfte des Rezepts. Die andere Hälfte besteht aus *Erbsen* aus der Dose, und zwar die ›extra feinen‹ müssen es sein. Sie werden in ihrem

Saft gesondert warmgemacht (gar sind sie ja schon), etwas gesalzen und mit 1 Prise Zucker abgeschmeckt. Abgießen und zu den Kartoffeln und dem Lauch geben – eine 50-Gramm-Dose genügt für drei bis vier Esser. Nun pfeffern (schwarz, aus der Mühle) und nochmals abschmecken, den Estragonstengel herausfischen – und Sie haben eine simple Speise ohne kostspielige Zutaten im Topf. Aber eine mit einem ehrlichen Wohlgeschmack. Hier hat die Crème fraîche den Part übernommen, den in der alltäglichen Küche die Mehlschwitze spielt oder die Fertigsoße, die Bechamel oder wie immer der Ersatz heißt, den Hausfrauen sich ohne Einbuße an Geschmack glauben leisten zu können. Dabei ist dies hier erst das Basisrezept. Es ist zwar schon gut so, wie es ist. Aber die Verbesserungen, die dabei noch möglich sind, machen diese Kombination in einem Topf erst richtig interessant und für die einfache Küche so wichtig.

Da ist zunächst einmal die *Schinken- oder Speck-Variante.* Schinken ist besser, weil er weniger fett und stärker im Rauchgeschmack ist. Er wird in winzige Würfel geschnitten, ungefähr 1 EL pro Portion. Diese werden ohne weitere Umstände den kochenden Kartoffeln beigegeben, allerdings erst in den letzten zehn Minuten der Kochzeit. Wenn Sie Speck nehmen, sollte auch er in kleine Würfel geschnitten und diese vorher in Butter angeschwitzt werden. Angeschwitzt, wohlgemerkt, nicht angebraten! Denn braungebratener Speck wird hart und verdirbt fast alle Aromen, die sich um ihn herum noch entfalten sollen. Und bitte, ohne die

Butter aus der Pfanne heben und unters Gemüse mischen! Ich liebe besonders die Sherry-Variante. Dabei wird der Schinken in 2 EL trockenem Sherry kurz angekocht und dann mit dem Wein in das Gemüse gegeben. Oder die Curry-Version. Dabei verzichte ich auf den Schinken (oder den Speck), weil das eine das andere überflüssig macht. Mit der dicken Sahne verträgt sich der Curry aber ganz gut, und wenn Sie einen typisch deutschen Eisschrank haben, dann finden Sie darin sicherlich ein Glas mit den kleinen Garnelen, die wir Krabben nennen: Hinein damit in den Gemüsetopf!

Mein Gericht wird auch schön durch getrocknete Pilze. Zwar sind getrocknete Steinpilze oder Morcheln keine billigen Produkte. Aber davon brauche ich nur sehr wenig. Sie werden nach dem Einweichen (mindestens 2 Stunden) und dem sehr gründlichen Waschen klein geschnitten, in Butter angeschwitzt und mit etwas Sahne und Wein gargeköchelt. Welcher Wein? Nun, Portwein geht vorzüglich, aber auch Madeira oder wieder Sherry, wenn er diesmal nur ›medium dry‹ ist. Und so geht das weiter. Frische Pilze sind sowieso ideal; Champignons gibt es das ganze Jahr. Sie werden in ähnlich große Würfel geschnitten wie die Kartoffeln, separat leicht in Butter angebraten, mit Zitronensaft und etwas Sahne abgelöscht, gewürzt und rein in die Kartoffeln!

Nun stellen Sie sich vor, was alles möglich ist, wenn die Erbsen durch ein anderes Gemüse ersetzt werden (kleine Tomatenwürfel, Zucchiniwürfel, Gurkenwürfel) und der Estragon durch Thymian! Da liegt es nahe, auch die Sahne durch Olivenöl zu ersetzen, was wiederum viele neue Variationen möglich macht. Aus dem nichtssagenden Beginn – rohe Kartoffeln würfeln – haben sich Möglichkeiten ergeben, die fast allein ein kleines Kochbuch füllen könnten. Und nichts davon ist aufwendig, nichts davon gehört zur Luxusküche. Sogar der Endzustand ist mehr oder weniger beliebig. Da können die Gemüse mit der Sahne so konzentriert werden, daß man das Ganze vom flachen Teller mit der Gabel ißt (wie ich es vorziehe, weil durch das Einkochen das Aroma verstärkt wird), aber genausogut ist es möglich, den Eintopf mit dem Löffel zu essen, wenn man statt der Crème fraîche flüssige Sahne ins Gemüse gibt (nachdem das Kochwasser abgeschüttet wurde) und danach nicht so stark reduziert, so daß eine gewisse suppige Konsistenz für den tiefen Teller verbleibt.

Nun sind auch hier der Phantasie natürlich Grenzen gesetzt. Die tollkühne Meinung, daß diese für einen kreativen Koch nicht existierten, hat schon viel Kokolores verursacht. Also mischen Sie in diesem Fall keine Äpfel unter die Kartoffeln (was unter anderen Voraussetzungen ja möglich ist), geben Sie nicht der Versuchung nach, mit angebratenen oder gepökelten Würsten dem Gericht eine Deftigkeit aufzuzwingen, die seine Bestandteile nicht vertragen würden. Es ist dieser *Lauch-Kartoffel-Erbsen-Topf* auch nicht als Beilage zu Fleisch gedacht. Der Sinn und Charme des Gerichtes steht und fällt mit seiner Einfachheit; in der prunkvollen Umgebung von Steak und Schnitzel wäre es deplaziert. Ein bißchen zuviel kann hier viel zuviel bedeuten, Gutgemeintes wie so oft zum Desaster werden. Ausgangspunkt für das Rezept ist die bescheidene Kombination Kartoffel—Sahne sowie die Einsicht, daß Estragon und Erbsen einen hinreißenden Zweiklang bilden und der Lauch eine wunderbare Aromastütze ist, die sich widerspruchslos ein- und unterordnet. Der Rest ist Logik. Und abschmecken.

GRÜN UND WEISS – DIE GEMÜSE

In unserer Küche spielen die Gemüse eine fast tragische Rolle. Gewachsen, um Freude zu spenden, und mit allen Tugenden ausgestattet, die ihnen Ruhm und Ansehen bringen müßten, sind sie zu einem Aschenputteldasein verurteilt: nützlich, ja, aber sonst ... In der feinen Küche werden sie von Fisch und Fleisch an den Rand gedrängt, nicht selten sogar in die Anonymität: ›Jakobsmuscheln mit kleinem Gemüse‹, ›Lammkeule mit Frühlingsgemüse‹. Nicht gut genug, daß ihr Name genannt wird?
Ihre Stellung in der Alltagsküche ist nicht weniger beklagenswert. Den Lauch als vollwertiges Gemüse erkannt zu haben erfüllt jeden Engländer mit solchem Stolz, daß er dabei vergißt, wie schrecklich Lauch in der englischen Küche behandelt wird. Die Franzosen, die mehr und bessere Gemüse zur Verfügung haben als alle anderen Mitteleuropäer, wissen mit ihren feinen grünen Böhnchen, den *haricots verts*, erstaunlich wenig anzufangen. Immerhin muß man ihnen zugestehen, daß sie – jedenfalls im Elsaß – aus dem Sauer-

kraut fast eine Delikatesse gemacht haben, was in Bayern bisher noch nicht geglückt ist. Den Italienern allerdings gebührt der Nobelpreis dafür, daß sie uns allen gezeigt haben, wie herrlich Blattspinat schmekken kann. Darüber hinaus ist die italienische Küche bei ihren Freunden sicherlich vor allem wegen der Gemüse so beliebt – mit Recht. Im Prinzip war die dortige Ausgangsposition mit der unseren vergleichbar: eine relativ arme Bevölkerung, also keine Hochküche, sondern bescheidene Hausmannskost, Hauptbestandteil Gemüse. Doch das Resultat ist grundverschieden. Daß wir dem blähenden Kohlzeugs den Vorzug geben und Hülsenfrüchte zum Gemüse rechnen, liegt am Klima. Daß wir es aber nicht fertigbrachten, aus den verschiedenen Kohlsorten etwas halbwegs Delikates zu fabrizieren, spricht nicht für die kulinarischen Ansprüche unserer Vorfahren. Wenn heute versucht wird, dieses Versäumnis wettzumachen (Wirsing!), dann liegt darin mehr Hoffnung auf eine gründliche Verbesserung der deutschen Küche als in der gestiegenen Nachfrage nach Lachs und Rehrücken.

Etwas verallgemeinernd möchte ich die Gemüse einteilen in delikate und undelikate, nämlich in grüne und weiße Gemüse. Ausnahmen gibt es eigentlich nur zwei: Spargel und Grünkohl. Beide widersprechen der Pauschalierung: Der weiße Spargel ist hochdelikat, der Grünkohl leider nicht. Bei einigen weißen Gemüsen ist es möglich, ihre ursprüngliche Belanglosigkeit durch eine gewisse Verfremdung zu überspielen. So bei den *weißen Rübchen,* den *navets.* Sie schmecken eingemacht besser als frisch, und wenn sie gar noch in Rotwein eingemacht werden oder hinterher in der Pfanne karamelisiert, dann verwandeln sie sich in ganz raffinierte Beilagen, zum Beispiel zu gebratener Leber oder zur Ente. Auch *Chicorée* kann unter den Händen eines begabten Kochs eine eigene, eigenartige Delikatesse entwickeln. So, wenn er klein geschnitten mit abgeriebener Schale von Bitterorangen gedünstet wird: Das ergibt eine verblüffend leckere Beilage zu Meeresfischen wie Steinbutt und Seezunge. Aber wie gesagt, derartig verfremdende Anstrengungen sind nötig. Der *Blumenkohl* zum Beispiel, wie er in den meisten Haushaltungen gekocht wird – nur in Wasser gekocht und sonst nichts –, ist und bleibt ein undelikater Stinker, der es weder an Wohlgeschmack noch an Bekömmlichkeit mit einer bescheidenen Pellkartoffel aufnehmen kann. Und wenn er gar von der berüchtigten weißen Sauce begleitet wird, bewahrheitet sich die Redensart: Ein Unglück kommt selten allein. Doch als Gratin ist er gut eßbar, wenn sich der Koch an dieses Rezept hält: Den Kohl in kleine Röschen zerlegen, alle Strunke radikal abschneiden. In salzigem Zitronenwasser fast garkochen, abgießen. Die Röschen in eine gebutterte Gratinform legen, mit reichlich Sahne übergießen, in die 2 Eigelb verquirlt und 1 Tasse frisch geriebener Käse (60 % Gruyère, 40 % Parmesan) eingerührt sind und die mit Cayennepfeffer und Salz abgeschmeckt ist. Im sehr heißen Ofen auf der obersten Etage fertiggaren und überbacken lassen, bis die Sahne gestockt und an der Oberfläche goldgelb gewor-

den ist. Blumenkohl ist ein notorischer Einzelgänger, der andere Gemüse nicht neben sich duldet. Sogar die Tomate, die sonst für alles herhalten muß und sich sogar im ›Ratatouille‹ genannten Gemüsechaos behauptet, versagt neben dem kohligen Krauskopf. Taucht dieser schließlich kalt und fast roh als Salat auf, dann kann man sicher sein, daß der gute Geschmack kurz vorher fluchtartig das Haus verlassen hat.
Übrigens halte ich auch vom grünen Vetter des Blumenkohls, dem Broccoli, nicht viel. Er ist sehr in Mode und sieht ganz dekorativ aus. Dieses hübsche Aussehen ist allerdings auch der einzige Grund, warum er sogar in guten Restaurants auf den Teller kommt. Bestensfalls taugt er in püriertem Zustand zu einem mit viel Sahne aufgeschlagenen Süppchen, ansonsten kann er die Familienähnlichkeit mit dem Blumenkohl nicht verleugnen: Er verhilft keinem Fleisch zu geschmacklichem Gewinn, bringt Saucen um ihre Wirkung, paßt sich nicht an, fügt sich nicht ein, kurz, er sorgt nur für Disharmonie. Wieviel delikater sind da der Wirsing, der Lauch, der Rosenkohl; wieviel lieblicher schmeicheln sich Erbsen, Möhren, Bohnen und der göttliche Spinat in unser Wohlwollen ein! Sogar die wässerige Gurke beweist entkernt und gewürfelt, daß sie fähig ist, edle Fische und feines Fleisch zu begleiten; sogar der deftige Sellerie bietet sich als angenehme Begleitung an. Und zwar als Püree:
Eine mittelgroße Sellerieknolle (reicht für ca. 4 Portionen) wird geviertelt, geschält, in dicke Würfel geschnitten. Wattige Stellen werden entfernt. In kochendem

Wasser garen. Die Stücke sollen weich, aber nicht matschig sein. In einer Moulinette oder im Mixer oder mit dem Schnetzelstab pürieren. In einen schweren Topf umfüllen, auf den Herd stellen, die Feuchtigkeit verdampfen lassen, dabei rühren und aufpassen, daß das Püree nicht anbrennt! Mit Cayennepfeffer und Salz würzen, den Saft von mindestens einer Zitrone drangeben, eventuell wieder etwas Flüssigkeit verdampfen lassen und so viel Crème fraîche unterrühren, bis das Püree eine nicht zu dünne Konsistenz bekommt. Die Zitrone soll merklich herausschmecken, auch mit dem Cayennepfeffer nicht zu zaghaft umgehen! Mein Gott, das ist kinderleicht, und doch ist das Ergebnis ein hochdelikates Mus – die einzige Form übrigens, in der Sellerie sich mit Anstand auf den Tisch bringen läßt. Zu Hasenrücken, Rinderbraten und Wildgeflügel gibt es wenige Beilagen, die besser passen.

Über das Dilemma mit den *Erbsen* habe ich mich schon verschiedentlich geäußert: Es gibt zwar frische Erbsen, aber die sind dickschalig und groß und mehlig, also alles, was eine delikate Erbse nicht sein darf. Da bleibt nur der Griff in die Tiefkühltruhe oder zur Konserve. Die Sorte, die ich meine, hat die Handelsbezeichnung ›extra fein‹ – ›fein‹ allein genügt nicht. Die sind dann allerdings auch so niedlich, wie sie nicht einmal auf den Märkten zu finden waren, als die Zeiten noch gut und alt und die Bauern noch fromm waren. Dennoch sind sie deshalb nicht auch schon tischfertig. Die Erbsen aus der Dose sind zwar gar, aber verfeinert müssen sie noch werden. Also die heißge-

Auch das delikate
grüne Gemüse
wie Erbsen
und feine Böhnchen,
Spinat oder gar Broccoli
bedarf besonders
sorgfältiger Zubereitung.

Spargel, Kohlrabi,
Fenchel, Blumenkohl
oder Schwarzwurzeln –
das eher belanglose
weiße Gemüse
wird erst
wohlschmeckend
durch raffinierte
Verfremdungen.

machten Erbsen abgießen, in einer schweren Kasserolle 1 EL Butter auslassen, die Erbsen hinein, salzen, und eine kräftige Prise Zucker nicht vergessen. Abschließend feingehackten Estragon oder Dill untermischen. Das hängt verständlicherweise davon ab, wozu die Erbsen als Beilage gedacht sind; vor allem der Dill ist ein recht penetrantes Kraut, das häufig unpassend wirkt. Bei weißem Fleisch ist es manchmal ratsam, den Erbsen einen zusätzlichen, kräftigen Geschmack zu geben. Dazu sind Schinkenwürfel hervorragend geeignet. Sie werden sehr fein gewiegt und in die schmelzende Butter gegeben, aber nicht angebraten.

Nach dem gleichen Prinzip wie beim Sellerie läßt sich auch aus *frischen* Erbsen eine Erbsencremesuppe machen. Sie ist so herrlich sanft und so geschmeidig, daß die größten Köche sie auf ihre Speisenkarte setzen. Sie nehmen dazu die Zuckererbsen (oder -schoten oder Mangez-tout), also jene breiten, flachen und fast durchsichtigen Schoten, in denen die Erbsen kaum größer sind als die Kerne in Weintrauben. Diese Schoten werden im Ganzen gekocht, dann püriert und mit Sahne zu einem Edelsüppchen aufgeschlagen. Die Raffinesse bekommt diese Suppe durch die Würzung. Salz und Pfeffer, klar. Aber was sonst? Eine Prise Curry paßt wunderbar. Ebensogut sind in Butter angebratene kleine – wirklich sehr kleine! – Stücke Rauchspeck. Noch edler sind Stücke vom Räucheraal, weil die frischen Erbsen mit dem Rauchgeschmack sehr gut harmonisieren. Deshalb bietet sich Räucherlachs, in kleine Streifen geschnitten, ebenfalls zur Verbesserung an. Und was für Erbsen als Gemüse gilt, paßt natürlich auch hier: Estragon oder Dill plus in Butter geröstete Weißbrotwürfel.

Frische grüne Bohnen gehören traditionell zum Rinderfilet, zum Lammkotelett und zu ähnlichem Fleisch. Besonders die feinen, winzigen Kenia-Böhnchen, die nur fingerlang und dünn wie Stricknadeln sind, verdienen einen Ehrenplatz an der Tafel jedes Feinschmeckers. Zu gebratenem Fleisch serviert, genügt es, sie in sehr salzigem, sprudelndem Wasser zu kochen. Abgießen und in eine vorbereitete Schüssel mit Eiswasser geben, das frischt die Farbe auf und verhindert, daß sie gummiweich werden. Abtropfen und kurz in Butter andünsten, eine Zehe Knoblauch anpressen – fertig. Da sie in wenigen Minuten gar werden, bedarf es einer geradezu widerlich großen Menge Salz, damit sie etwas Geschmack annehmen. Ihr Eigengeschmack verdient nämlich nur die Bezeichnung ›grün‹, und das ist sogar für eine so feine Bohne nicht genug. Als Beilage zu weniger edlem Fleisch, wenn es also auf dem Teller deftiger zugeht, empfehle ich, mit den fertigen Bohnen folgendermaßen zu verfahren:

2 EL Olivenöl in einer Kasserolle heiß werden lassen, feingehackten Knoblauch kurz anschwitzen und gewürfeltes Tomatenfleisch hinzugeben (ohne Haut und ohne Kerne), kurz, aber lebhaft schmoren lassen, eine Prise Thymian, schwarzen Pfeffer aus der Mühle und dann die gut abgetropften Bohnen hinzugeben.

Nun sind Kenia-Bohnen nicht immer und überall zu haben. In diesem Fall kaufe ich, was in unseren Landen gemeinhin unter grünen Bohnen verstanden wird. Die haben lästige Fäden, ihre Kerne sind deutlich entwickelt, und sie sind rundherum viel zu dick, um delikat zu sein. Deshalb halbiere ich sie mit dem Messer - der Länge nach. Und wenn sie dann immer noch zu dick sind, werden die Hälften noch einmal der Länge nach zerteilt. Das ist eine Menge Mehrarbeit, aber – ich schreibe das hier nicht zum erstenmal – wer sagt denn, daß Kochen, das *sorgfältige* Kochen mit dem Ziel einer delikaten Küche, wer sagt denn, daß das ganz ohne Mühe ginge? Im Fall der Bohnen ist solche Mehrarbeit zu allem nur ein Notbehelf; trotz mühsamer Vierteilung erreiche ich die Qualität der feinen Kenia-Bohnen nicht. Aber verbessert habe ich die hypertrophierten Grünlinge allemal. Diese müssen übrigens nicht immer so gewaltsam für die Feine Küche zurechtgetrimmt werden. Dort nämlich, wo es sich um schlichte Hausmannskost handelt – also zur Lammschulter, zum Hackbraten etc. –, ist mir ihre dralle Deftigkeit durchaus willkommen.

DIE SUPPE

Die Beliebtheit der *Suppe* in der deutschen Küche ist ein Indiz für unsere Sparsamkeit. In früheren Jahrhunderten war Suppe die tägliche und einzige Mahlzeit der Bevölkerung; seitdem hat sie eine fast symbolische Bedeutung. In der Praxis sind wir ihr gegenüber jedoch nicht ohne Vorbehalte. Eine kräftige Rindfleischsuppe gehört nicht gerade zu den Dingen, die unseren Vorstellungen von gesunder Kost entsprechen; Suppen aus Hülsenfrüchten erinnern an Notzeiten und machen dick; Cremesuppen, die ebenfalls nicht kalorienarm sind, hat uns die Industrie mit ihren Fertigprodukten verleidet – kurzum, statt Suppe essen wir Salat.

Ganz unverständlich ist das alles nicht. Zwar kann man eine Suppe auch in winzigen Portionen essen, also weder als satt machendes Hauptgericht noch als gewichtige Einleitung eines Menüs, sondern zwischendurch, sozusagen als zusätzlichen Gaumenkitzel. Aber: Soviel Mühe für so ein bißchen Suppe? Ich meine, für eine Sauerampfer- oder Tomatensuppe lohnt sich solche Mühe allemal, und die für eine Suppe aus frischen Erbsen (siehe S. 56) nötige Mehrarbeit ist reiner Gewinn. Aber auch eine sättigende Suppe muß nicht identisch sein mit dem Gallenschreck der Großmutter-Küche. Zugegeben, wenn etwas sättigen soll, geht das nicht ohne gewisse Elemente, die wir heute nur halbherzig schätzen. Aber was nützt eine Wassersuppe, wenn ich mich eine Stunde nach deren Verzehr schon wieder hungrig auf den Kuchen stürze? Unter den Suppen, die nach modernen Gesichtspunkten akzeptabel sind, erscheint mir am delikatesten eine *Gemüsecreme-Suppe.* Sie läßt sich aus verschiedenen Gemüsen herstellen, Kartoffeln sollten jedoch immer dabeisein. Mein Favorit ist eine *Kartoffel-Karotten-Creme.*

Für vier bis sechs Personen brauche ich:

1 kg Kartoffeln, 1 kg Karotten, 1 EL Butter,
$\frac{1}{4}$ l Sahne, 2 große Schalotten,
1 daumenlanges Stück Lauch, Petersilie,
1 Lorbeerblatt, Schinkenreste, Salz, Cayennepfeffer

Kartoffeln und Karotten werden geschält und in kleine Stücke geschnitten. Welche Form diese haben, ist ebenso egal wie ihre Größe. Sie werden zusammen in Salzwasser aufgesetzt und gargekocht. Beigegeben werden die Petersilie (ca. 1 Handvoll ohne Stengel), die Schalotten, der Lauch, das Lorbeerblatt, die Schinkenreste. Diese dürfen, da sie später herausgefischt werden, nicht zu klein sein. Und nicht zu fett, weil sie wegen ihres Geschmacks und nicht wegen ihrer Kalorien mitkochen. Wenn die versammelten Gemüse gar sind, sollte noch so viel Kochwasser im Topf sein, daß die Gemüse so eben bedeckt sind, aber nicht mehr. Nun fischen Sie Schinken und Lorbeerblatt heraus und pürieren mit dem Schnetzelstab den Inhalt des Topfes. Man kann das natürlich auch im Mixer machen. In die pürierte Masse verrühre ich nun die Butter, gieße die Sahne an und würze mit dem Pfeffer. Das ist alles. Die Suppe heißt nicht zufällig ›Cremesuppe‹, ihre Konsistenz ist eher breiig als dünnflüssig – sie sollte es jedenfalls sein. Und was das Würzen angeht, so werden Sie merken, daß die goldgelbe Masse viel Salz braucht, damit ihr Geschmack sich überhaupt entwikkelt. Vor allem richten Sie Ihre Aufmerksamkeit auf den Pfeffer! Denn gerade bei Gemüse – bei allen Gemüsen! – ist dessen Aroma von außerordentlicher Bedeutung. Die Wahl der Pfeffersorte, die bei kräftigen Fleischsaucen oft nicht so wichtig ist, gibt der Suppe erst ihren Charakter. Also den Cayennegeschmack deutlich zur Geltung bringen! Und wenn Sie meinen, ein Klacks Crème fraîche zur Abrundung dieser Suppe könnte nicht schaden, dann stimme ich Ihnen zu.

Wieder einmal Sahne, schon wieder Crème fraîche – das mag manchem zuviel Mitgefühl mit unserer notleidenden Milchwirtschaft sein. Aber es geht auch ohne. Dazu brauche ich allerdings eine Fleischbrühe, entweder vom Rind oder eine Hühnersuppe, und sowohl die eine wie die andere sollte recht kräftig sein. In dieser Brühe werden die Gemüse gekocht, alles andere geschieht wie beschrieben – ohne Sahne. Das Ergebnis schmeckt natürlich magerer als die sahnige Version,

Die delikateste
unter den Suppen
ist die Gemüsecreme-Suppe
mit viel Lauch,
Karotten, Schalotten
und Petersilie.

aber das wird vielen Essern gerade recht sein; die anderen können die mangelnde Fülle immer noch durch Butter ausgleichen.

Nach dem gleichen Prinzip bereite ich eine Suppe zu, bei der die Karotten durch *Lauch* ersetzt werden. Sie hat eine andere Farbe, einen anderen Geschmack, eignet sich aber ebenfalls als einfache und bescheidene Hauptmahlzeit für den Abend. Damit sind die Möglichkeiten der Gemüsecreme-Suppen erst angedeutet. Unter der Voraussetzung, daß sie mit Kartoffeln in einen Topf geworfen werden, bieten sich weitere Gemüse an: *Sellerie, Fenchel, Gurken, grüne* oder *rote Paprika* und – *Sauerkraut.* Dieses muß allerdings bereits gar sein; in der kurzen Zeit, in der die Kartoffeln kochen, würde es nicht weich genug, daß es sich anschließend mühelos pürieren ließe. Verständlicherweise werden nicht alle Suppen gleich gewürzt. Schinkengeschmack fände ich weder beim Fenchel noch bei Paprika angebracht, wohingegen ich den Gurken das ihnen vertraute Dill zugestehe und bei den Fenchel-Kartoffeln statt der Sahne einen Schuß Olivenöl nehme und mit Thymian würze. Doch was auch immer mit den Kartoffeln eine so bekömmliche Koalition eingeht: Die Zubereitung ist einfach und geht schnell, sie bietet der Phantasie Anregung, und das Resultat ist lecker und billig.

HECHT
IN
SAHNE

Einen frischen Hecht zu essen war noch vor Jahren das Privileg von Anglern. Heute haben auch Normalverbraucher die Chance, in diesen besonderen Genuß zu kommen, zumindest die vom Schicksal und den Händlern bevorzugten Großstädter. Landbewohner wie ich, die einen relativ sauberen See vor der Gartenhecke haben, sind allerdings noch besser dran. Ich jedenfalls profitiere davon, daß der Fischer nicht selten einen stattlichen Hecht im Netz hat. Städter finden lebende Hechte in den besseren Fachgeschäften, wenn auch nicht alle Tage. Aber ein Hecht ist ja auch kein alltägliches Essen, und mag sein Preis beim Fischer auch weit unter dem von gutem Rindfleisch liegen, im Fischgeschäft ist er kein Billigfisch.
Nach statistischen Untersuchungen schätzen die Deutschen Fisch zwar hoch ein, aber sie essen ihn nur selten. Erstaunlich viele Zeitgenossen fürchten sich vor den Gräten (dabei ist das Nitrit in der Wurst viel gefährlicher), andere wissen nicht, wie man ihn so zubereitet, damit er auch wirklich eine Delikatesse wird.

Denn keine Viktualie von solcher Qualität ist so leicht und so schnell ruiniert. Es ist wie mit dem dreimal so teuren Hummer: Man weiß, daß er etwas Außergewöhnliches ist, traut sich aber nicht, ihn selber zuzubereiten, weil sogar in der Gastronomie neun von zehn Hummer von den Köchen derart malträtiert werden, daß sie nicht delikater sind als eine Weißwurst.
Der Hecht hat so viel Eigengeschmack wie sonst nur der Lachs. Im Vergleich zu diesem Raubfisch sind alle anderen Fische charakterlos und fade. Sein Nachteil sind die lästigen Gräten und die Tatsache, daß er zu den Magerfischen gehört. Fette Fische wie Aale, Makrelen und Lachse sind viel robuster. Ich will nicht behaupten, daß es nicht auch bei ihnen auf höchst präzise Kochzeiten und Temperaturen ankäme, damit sie ihren Preis wert sind. Aber ein Magerfisch wie der Hecht ist einfach empfindlicher. Und seine Gräten sind auch einzigartig: besonders dünn und am Ende auch noch gespalten wie eine Wünschelrute. Ich kann's ja verstehen: Für ängstliche Gemüter, die sich röchelnd und blaugesichtig unter den Tisch sinken sehen, ein Alptraum. In der feinen Gastronomie wird Hecht deshalb auch so gut wie nie am Stück serviert, sondern immer nur als *Hechtkloß* (›quenelles de brochet‹). Dafür wird zuerst das Fleisch enthäutet und von den Gräten getrennt (filiert), durchgedreht (im Mixer), mit Eiweiß und Sahne vermengt, Klößchen abgestochen und in einem Sud gegart. Das ist ein sehr delikates Vorgericht, arbeitsaufwendig, und danach wartet dann jeder darauf, daß es endlich was zu essen gibt.

Ganz anders der intakte Fisch. Trotz seiner wirklich unangenehmen Gräten, trotz der überdurchschnittlichen Sorgfalt, mit der er gegart werden muß, damit er nicht trocken und faserig wird, ist er eines der feinsten Tiere, die im Wasser groß und lecker werden. Ich behaupte (was zugegebenermaßen keine revolutionäre Neuerung ist), daß er am besten auf folgende Art schmeckt. Nicht gekocht wie Lachs und Forelle, nicht gebraten wie ein Felchen- oder Zanderfilet, sondern im Ofen ohne Deckel gedünstet, mit sehr viel Sahne. Und zwar so:

2000 g Hecht (für 4–5 Personen), 200 g Sahne,
250 g Crème fraîche, 100 g gehackte Schalotten,
1 Glas Riesling, Saft ½ Zitrone, Salz

Der Hecht ist bereits ausgenommen und geschuppt. Sein Kopf ist riesig und stellt mich vor das Problem, wie ich den Fisch in eine Form kriege. Natürlich ist es schöner, wenn er im Ganzen auf den Tisch kommt, also mit Schwanz und Kopf. Aber ein Hecht für vier bis sechs Personen wäre dann so lang, daß er in keinen Backofen, geschweige denn in eine Bratform paßte. Also muß der Kopf ab und wahrscheinlich auch die Schwanzflosse. Damit hat die Prächtigkeit des Gerichtes von vornherein eine starke Einbuße erlitten. Aber sei's drum! Irgendein schmales Geschirr von 40 cm Länge sollte vorhanden sein. Es gibt große, ovale Gratinformen (von Cousances), es gibt Bräterdeckel (Silit) und auch Fischkocher, die sich eignen. Obwohl letztere zum Kochen eines Fisches unentbehrlich sind, für dieses Rezept eignen sie sich nicht so gut, weil sie

so hoch sind. Andererseits, wenn nichts anderes verfügbar ist …
Der Hechtrumpf wird in die gut ausgebutterte Form gesetzt, nachdem er von innen und außen mit Salz eingerieben wurde, und zwar nicht zu knapp. Denn dieses Salz muß auch für die Sauce reichen. Den Fisch so in die Form setzen, daß die Bauchlappen auseinanderklappen und ihm praktisch als Stütze dienen, damit er *aufrecht* liegen kann, also nicht auf der Seite, sondern mit dem Rücken nach oben! Nun werden die Schalotten gehackt, das sind eine ganze Menge, ungefähr eine große Tasse voll! Auf ein paar Gramm mehr oder weniger kommt es nicht an. Normale Zwiebeln würden in Verbindung mit diesem delikaten Fisch ihren ordinären Geschmack geradezu entlarvend offenbaren. Also ausschließlich Schalotten. Sie werden geschält, der Länge nach halbiert und mit dem Koch- oder Wiegemesser sehr kleingeschnitten. Nie mit einer Maschine zerhacken! Mit den Schalottenstückchen, die nicht ganz so fein sein müssen wie sonst für Saucen, da sie nicht mitgegessen werden, wird der Hecht dicht bestreut. Dabei fällt nach dem Gesetz der Schwerkraft ein großer Teil der Schalotten nach unten, das macht nichts. Sodann gieße ich den Wein, danach die Sahne über den Fisch, die ihn nur benetzen und sich um ihn herum auf dem Boden der Form verteilen. Deshalb löffele ich erst jetzt die Crème fraîche über den Hecht. Diese dicke Sahne fließt nicht, jedenfalls nur zu einem geringen Teil; viel bleibt auf dem Fisch mit seinen Schalotten liegen, und das ist gut so. Das alles ist nicht

gerade kalorienarm. Zögern Sie aber trotzdem nicht bei der Crème! Lieber einen zusätzlichen Eßlöffel davon zum Hecht geben als einen Teelöffel zuwenig. Denn in diesem Rezept wird geklotzt, nicht gekleckert. Später, wenn der Hecht auf dem Teller liegt, kann es von der herrlichen Sauce gar nicht genug sein! Deshalb darf auch die Form, in der der Hecht gar wird, nicht zu groß sein, und schon gar nicht darf man ihn einfach aufs Bratblech legen. Denn dann würde die Sahne sich zu sehr ausbreiten und verbrennen, statt einzukochen.

Den Ofen gut vorheizen, und den Fisch bei 200 Grad auf den untersten Rost stellen. Wie immer bei empfindlichen Produkten ist eine Temperaturangabe wie diese nicht verbindlich. Der eine Herd ist schon bei 180 Grad heiß genug, der andere erst bei 220. In unserem Fall sollten Sie folgendes beachten: Der Ofen muß so heiß sein, daß die Sahne um den Hecht herum leicht blubbert – leicht, aber nicht heftig! Dann haben Sie die richtige Hitze. Mindestens 20 Minuten beträgt die Garzeit, und während dieser 20 Minuten dürfen Sie die Küche nicht verlassen; denn von nun an muß der Hecht immer wieder mit der Sahne-Wein-Mischung begossen werden. Praktisch darf sein Rücken zu keiner Zeit ohne Sahne sein! Denn nichts ist für den Fisch – für jeden Fisch – schlimmer, als wenn er direkt einer starken Hitze ausgesetzt wird. Das Fleisch würde sofort trocken und faserig. Die Garzeit wiederum richtet sich natürlich nach dem Gewicht des Hechtes, nach seiner Dicke. Es könnten also theoretisch auch zwei

Im Vergleich
zum Hecht
sind alle
anderen Fische
charakterlos
und fade.

Hecht in Sahne
ist nicht gerade
kalorienarm.
Trotzdem –
es kann gar nicht
genug sein von der
herrlichen Sauce.

kleine Hechte dort im Ofen liegen, und die würden ebenfalls *à point* gegart, wenn man die Garzeit halbierte. Die Schalotten jedoch würden nicht gar, sie brauchen die 20 Minuten, damit sie mit der Sahne ihre einmalige geschmackliche Verbindung eingehen. Deshalb ist ein großer Hecht besser als zwei kleine, und wenn er sehr groß ist – 2,5 bis 3 Kilo sind ja nicht selten –, dann hält er es auch 40 Minuten im Ofen aus, wenn er nur immer schön begossen wird. Außerdem: Je größer der Fisch, um so größer, und deshalb unproblematischer, die Gräten!
In den letzten fünf Minuten der Garzeit sollten Sie eine Platte anwärmen, auf der der Fisch später serviert wird. Dafür bleibt Ihnen wahrscheinlich nur der Boden des Backofens, wodurch die Unterhitze blockiert wird. Sie werden feststellen, daß die Sauce nicht mehr köchelt. Macht nichts: Fische brauchen zum Garen nicht mehr als 70 Grad. Wenn der Moment gekommen ist, wo Ihnen Ihr Gefühl sagt: Jetzt ist er gar!, also zwischen 20 und 30 Minuten, nehmen Sie den Hecht aus dem Ofen, legen ihn auf die vorgewärmte Platte, wo er mit Alufolie abgedeckt wird. Warm – aber nicht wieder in den Ofen! – stellen. Die in der Bratform bereits recht sämig gewordene Sahne mit den Schalotten gießen Sie durch ein Sieb in eine Kasserolle, die Schalotten dabei gut ausdrücken und dann wegwerfen. Die Sauce auf heißem Feuer schnell reduzieren, den Zitronensaft dazu, abschmecken, eventuell nachsalzen, eventuell noch mehr Zitronensaft, wieder abschmekken und die sahnige Köstlichkeit überr den Hecht gie-

ßen. Wenn Sie glauben, das sei doch ziemlich viel Sauce, dann ist es gut, es soll auch viel sein. Weil sie so überaus lecker ist, reicht sie am Ende doch nicht!
Der Hecht wird am Tisch tranchiert. Die Haut kann mitgegessen werden, und die unvermeidliche Fieselei mit den Gräten wird zur Nebensache, nachdem Sie den ersten Bissen probiert haben! Beim Tranchieren werden Sie bemerken, daß das Fleisch an seiner dicksten Stelle, also am vordersten Teil des Rückens, sich nicht leicht von der Mittelgräte lösen läßt und vielleicht noch etwas glasig ist. So soll es auch sein; denn dann haben Sie den Hecht perfekt hingekriegt. Wäre das Fleisch dort völlig gar und fiele es leicht von der Gräte, so würde es an den dünnen Stellen bereits zu trocken sein.
Die großzügige Verwendung von Sahne und Crème fraîche deutet darauf hin, daß es sich hier um eine nicht sehr deutsche Version der Zubereitung handelt. Tatsächlich stammt sie aus dem Elsaß. Dort allerdings – ich habe es selber beobachtet – begnügen sich die Köche nicht mit der reduzierten Sahne und der Crème, sie mischen kurz vor dem Servieren noch einen gehörigen Klacks Sauce hollandaise unter die Sahne! Das Resultat ist wahrhaft überwältigend. Die dazu servierten schmalen Bandnudeln (nicht al dente gekocht, sondern durch und durch gar, wie es sich für Eiernudeln gehört!) halte auch ich für die passendste Beilage; wenn ich andererseits auch nichts gegen junge Salzkartoffeln einzuwenden habe.
Die Wahl des dazu passenden Weißweins macht

scheinbar keine Schwierigkeiten: Ein Riesling muß es sein, was sonst. Doch zwischen Riesling und Riesling gibt es Unterschiede, und zwar die zwischen leicht und dünn einerseits und voll und wuchtig andererseits. Trocken muß er in jedem Fall sein; schon ein halbtrokkener, wie er unter deutscher Sonne so gern produziert wird, schmeckt dazu greulich. Aber auch die sonst so angenehmen leichten Rieslinge wirken zu diesem Fisch mit seiner klotzigen Sauce nur mickerig. Deshalb entweder eine trockene Spätlese (vom Rheingau, von der Mosel oder aus Franken) oder gleich einen elsässischen Riesling. Aus Dankbarkeit für die Erfinder dieses köstlichen Rezeptes plädiere ich für den letzteren.

EINE PASTETE AUS DEN VOGESEN

Neulinge im Revier der Feinschmeckerei, Konvertiten also, die die Gefilde der Primitivküche verlassen haben, muten sich oft mehr zu als ein routinierter Koch. Begeisterte Hobbyköche schrecken vor Arbeiten nicht zurück, die ein Profi als unsinnig ablehnen würde.

Ein typisches Ziel solcher furchtlosen Anstrengungen sind Terrinen. Ich selber habe vor Jahren in meiner ›Kochschule‹ die Herstellung (relativ einfacher) Terrinen ausführlich beschrieben. Heute würde ich davon abraten.

Als Terrinen bezeichnet man im Wasserbad pochierte Fleisch- oder Fischfarcen, in die verschiedene Stücke eingelegt werden können: Hasenrücken, Entenbrust, Rehfilet, ›foie gras‹, Trüffel usw. Die Langwierigkeit der Zubereitung, die Schwierigkeit, die richtige Temperatur und die richtige Kochzeit für das jeweilige Produkt zu finden, gehen weit über das hinaus, was ich als den Spaß in der Küche bezeichne. Ja, wenn wenigstens das Resultat so überwältigend köstlich wäre, daß man dafür jede Mühe in Kauf nähme! Leider ist das nur ganz selten der Fall. Sogar in berühmten Restaurants sind Terrinen oft eher langweilig als delikat. Denn auch eine perfekte Herstellung solcher Vorspeisen garantiert noch lange nicht den erwarteten Genuß. Ich habe schon Reh-, Enten- und Wachtelterrinen gegessen, die nach den Kriterien der dazu erforderlichen Technik perfekt waren. Aber was boten sie geschmacklich? Leider wenig. Das liegt vor allem daran, daß nur sehr wenige Köche sich die Mühe machen, die hergebrachten Rezepte in der Schublade zu lassen und etwas Neues, Besseres zu probieren. Es liegt auch daran, daß unser Hunger immer kleiner wird und die wenigsten Menschen vor dem Essen erst einmal 150 Gramm kalte, schwere Fleischfarce essen können, bevor sie sich dem eigentlichen Menü widmen. Und es liegt natürlich auch daran, daß eine Terrine, die nicht von erster Qualität ist, gleich so schmeckt wie ›eine kalte Bulette‹ oder ›der Hackbraten von gestern‹. Ich bin deshalb heute der Meinung: Wenn schon Terrine, dann lieber warm und als Hauptgericht. Also das, was wir Pasteten nennen.

Die Pasteten meiner Jugend existierten nur in der Literatur. Es waren riesige Blätterteigkuchen, normalerweise mit viel Fleisch gefüllt, nur lag in meinem Fall immer eine Strickleiter drin, mit deren Hilfe der Comte de X. sich aus dem Fenster seines Kerkers schwingen und entfliehen konnte. Die letzte schöne Pastete aß ich in den Vogesen, in einer einfachen Bauernwirtschaft, wo allerdings, das sei hier nicht verschwiegen, an jenem Tag die vereinigten französischen Starköche zu Gast waren. Es war eine

Münstertaler Pastete,

und sie entsprach der herkömmlichen Vorstellung von einer Pastete: Die Füllung bestand aus durchgedrehtem Fleisch und war warm. Gewiß war sie deftig, und gewiß war sie eine nahe Verwandte unseres Hackbratens. Aber dennoch hatte sie etwas, was dieser nicht hat. Sie hatte Manieren. Damit will ich sagen: Sie drängte nicht alles zur Seite, was neben ihr serviert wurde. Sie war zwar deftig, aber nicht plump; sie sättigte, ließ aber den Appetit am Leben. Woran das lag? Ich habe versucht, sie nachzukochen, und dabei sind mir eigentlich nur zwei Abweichungen vom üblichen Hackbratenrezept aufgefallen – abgesehen von dem Teigmantel dieser Pastete. Da ist einmal die Qualität des verwendeten Fleisches. Auch hier, wie meistens, eine Mischung aus Schwein und Kalb im Verhältnis 50:50. Aber vom Schwein nahm ich dazu das reine Filet. Als ich den Metzger bat, es mir durchzudrehen, jammerte er: Was, das schöne Fleisch wollen Sie durchgedreht haben? Mit dem Kalbfleisch war es nicht anders: Es war von der Schulter, und zwar ohne die sonst üblichen Knorpel-, Fett- und Hautanteile. Gewiß, ein wenig Fett muß sogar sein, aber das ebenfalls von der besseren Sorte. Die zweite Abweichung vom Üblichen war das Marinieren. Aber jetzt will ich der Reihe nach beschreiben, wie ein Hackbraten sich von den anderen unterscheiden kann.

Sie brauchen:

Das Rezept der
Münstertaler Pastete
stammt aus einer
einfachen
Bauernwirtschaft
in den Vogesen.

Das warme
Hauptgericht,
durchgedrehtes
Kalb- und Schweinefleisch
im Teigmantel,
ist zwar deftig,
läßt aber den
Appetit am Leben.

400 g Schweinefilet, 400 g Kalbsschulter,
60 g Schalotten, $1\frac{1}{2}$ Brötchen,
$\frac{1}{4}$ l Weißwein (trockener Riesling oder
Müller-Thurgau oder Sancerre),
Milch, Petersilie, Blätterteig (tiefgefroren),
Mürbeteig (s. »Kochen bis aufs Messer«, S. 43)

Das durchgedrehte Kalb- und Schweinefleisch mit den sehr feingehackten Schalotten sowie den in Milch eingeweichten und fein zerrupften Brötchen und 2 EL gehackter Petersilie gut vermischen, nach Geschmack salzen und pfeffern. Nach Geschmack bedeutet, Sie müssen entweder die rohe Fleischmasse probieren oder, wenn Sie das nicht mögen, einen kleinen Klops formen und bei mäßiger Hitze in Butter braten. Salzen Sie nicht zu stark! Ein Zusatz von Knoblauch (durchgepreßt) ist möglich, wodurch das Endprodukt mehr Charakter kriegt, aber auch wuchtiger wird. In diese Masse vermischen Sie den Weißwein und lassen das Ganze über Nacht durchziehen, also marinieren.

Dieser Weinzusatz ist besonders wichtig, denn weit entfernt davon, das Fleisch säuerlich zu machen, gibt er der Masse ein Aroma, das später in der fertigen Pastete den Unterschied ausmacht zu den deftigen und etwas plumpen Hackbraten unserer Küche. Nun wird das hier ja sowieso kein simpler Hackbraten, sondern eine Pastete, das heißt also, das Fleisch dient zur Füllung einer Teighülle. Und die besteht aus zweierlei Teigsorten, aus Mürbeteig und Blätterteig. Das hört sich komplizierter an, als es ist. Den Blätterteig kaufe ich nämlich tiefgefroren. Ihn selber zu machen, halte

ich für unzumutbar, obwohl ganz eindeutig bei selbstgemachtem Blätterteig die Qualität besser ist, weil dieser nämlich ausschließlich mit Butter gemacht wird und mit sechs Touren wahrscheinlich gründlicher ausgerollt wird als ein konfektionierter Teig. Der aber ist so schlecht auch nicht, vor allem habe ich eine einfache Möglichkeit, ihn zu verbessern (und das nicht nur bei diesem Rezept, sondern immer, wenn ich tiefgefrorenen Blätterteig verwende): Der aufgetaute Teig besteht aus mehreren gleich großen, dünnen Platten. Ich betreiche eine Platte mit Butter, lege die nächste Platte darauf, bestreiche auch die mit Butter und so fort. Das ganze Teigpaket mit den Butterschichten wird sodann nach allen Seiten ausgerollt. Das ist alles, aber es macht sich angenehm bemerkbar, daß da plötzlich Butter mit ins Spiel kommt anstatt der üblichen Nieren- oder Pflanzenfette!
Nun hat Blätterteig keine Chance aufzugehen, wenn er mit einer schweren, feuchten Masse bepackt wird. Also ist es sinnlos, den Boden der Pastete aus Blätterteig herzustellen, es ergäbe nur eine rohe, klitschige Masse. Für den Boden brauche ich deshalb Mürbeteig. Den rolle ich 3 mm dick aus, ungefähr 40 × 15 cm groß. Darauf lege ich die Fleischmasse, und zwar so, daß ich an allen Seiten noch genug freien Mürbeteig habe, um ihn 2 bis 3 cm hochzuklappen. Über das Ganze lege ich den ebenso länglich ausgerollten Blätterteig und verklebe die beiden Teigsorten dort, wo sie sich treffen, miteinander. Dazu braucht's ein bißchen Fingerspitzengefühl, denn gern wollen die beiden Teige sich nicht

verbinden. Vor allem später, wenn sie in der Wärme des Ofens ihre Struktur und ihre Position verändern, kann es an diesen Stellen zu Rissen kommen, durch die dann eventuell Fleischsaft ausfließt. In die Oberseite (Deckel genannt, obwohl man ihn ja nicht abnehmen kann) mache ich zwei 5-Mark-Stück-große Löcher, durch die der Dampf abziehen kann, der sonst den Teig matschig machen würde. Sodann bestreiche ich den Teig von allen Seiten mit dem Eigelb, bestreue ihn mit grobgeschrotetem schwarzem Pfeffer und schiebe ihn auf einem gebutterten Blech in den mäßig warmen Ofen (180°) auf den untersten Rost. Dort soll die Pastete 50 bis 60 Minuten brav vor sich hin garen und schön goldgelb werden, ohne zu verbrennen. Derweilen kümmere ich mich um eine passende Beilage.

Als Gemüse dazu ist Blattspinat mit Sahne und gedünsteten Champignons die ideale Ergänzung, und wenn der Spinat nicht zu trocken ist (nicht mit der Sahne sparen!), genügt das auch. Eine andere professionellere Zutat wäre eine Sauce. Aber zu einer solchen Pastete paßt eigentlich nur eine tiefdunkle, kräftige Demi glace, also ein bis zur Puddingsteife eingedickter brauner Fleischfond. Doch den hat ja nicht jeder vorrätig.

Die Pastete reicht für sechs Personen. Es gibt noch eine andere Möglichkeit, sie herzustellen: in einer runden Kuchenform. In diesem Fall muß die Form vollständig mit dem Mürbeteig ausgekleidet werden, der Blätterteig wird nur als Deckel oben aufgelegt und, so gut es geht, festgeklebt. Geschmacklich ist da kein Unterschied. In der Kuchenform ist die Prozedur etwas einfacher, weil die Gefahr, daß etwas ausläuft, nicht besteht. Aber aussehen tut's im bloßen Teigmantel besser.

Zutaten für den Champignon-Spinat:

2000 g Spinat, 300 g Champignons,
¼ l Sahne, 2 EL Crème fraîche,
1 Zitrone, Knoblauch

Der großblätterige Spinat ist besser als Gemüse geeignet, die kleinen zarten Blätter brauche ich zum Salat. Die Blätter mehrmals gründlich waschen, dabei die dicken Stiele abzwacken. Tropfnaß in einen großen Topf geben. Auf großer Hitze zusammenfallen lassen, umrühren und nach höchstens fünf Minuten durch einen Durchschlag abgießen. Spinat hat die Eigenschaft, daß er mehr Wasser enthält, als man ihm ansieht, und mehr, als dem fertigen Gemüse guttäte. Deshalb wende ich ihn mehrere Male, während er im Durchschlag abtropft; ihn auszupressen finde ich nicht ideal, da dadurch seine Lockerheit verlorengeht.

Die Champignons oder Egerlinge säubern und blätterig schneiden. Egerlinge sehen genauso aus wie Champignons, nur haben sie statt einer weißen eine bräunliche Haut. Ihr wichtigster Unterschied liegt aber im Geschmack: Egerlinge schmecken deutlich herzhafter und sind deshalb fast immer vorzuziehen.

In einer großen Pfanne werden sie in Butter angebraten. Dabei dürfen sie nicht übereinanderliegen, weil sie sonst Wasser ziehen. Also lieber in zwei Pfannen oder hintereinander in zwei Portionen braten. Dabei salzen und pfeffern (aus der Mühle), mit etwas Zitronensaft beträufeln, die Sahne und die Crème fraîche dazugeben, einkochen lassen, abschmecken. Den gut abgetropften Spinat unterziehen, vermischen, $\frac{1}{2}$ Zehe Knoblauch hineinpressen, abschmecken und eventuell nachsalzen oder mehr Zitrone träufeln. Zusammen mit der heißen Pastete läßt der Spinat vergessen, daß es so etwas wie eine extravagante Hochküche gibt.

DER OCHSENSCHWANZ

Wenn ein Vater seiner Tochter zum 18. Geburtstag ein Auto schenkt, so wird er, wenn er vernünftig ist, einen Gebrauchtwagen kaufen, einen nicht so teuren, bei dem eine Beule oder ein Kratzer nicht weiter ins Gewicht fallen. Genauso sollte es beim Kochen sein. Wer sich zum erstenmal an eine größere Menge Fleisch wagt, tut gut daran, mit nicht so teuren Stücken zu beginnen. Zum Beispiel mit einem Ochsenschwanz. Bei Ochsenschwanz denkt jeder zunächst an Suppe. Keine Kneipe, die dem Nachtschwärmer nicht eine Ochsenschwanzsuppe anböte. An Geschmack und Geruch dieser Suppe erinnert sich wohl jeder, der seine Nase nur einmal über die Suppentasse gehängt hat. Ich habe nicht vor, hier zu verraten, wie sie hergestellt wird, obwohl das Resultat einer solchen Beschreibung sicherlich weit von dem Kunstprodukt der Kneipen entfernt wäre. Ich denke vielmehr an *Ochsenschwanz-Ragout*. Schließlich besteht ein Ochsenschwanz neben Fett und Knochen ja auch aus Fleisch, auch wenn das nicht von der feinsten Qualität ist. Ein

Schmorfleisch wie ein Ragout ist jedenfalls genau das richtige Rezept für einen Anfänger. Alle Handgriffe, alle Arbeitsphasen sind nämlich identisch mit den Vorgängen beim Schmoren auch von besseren Fleischsorten.

Zunächst möchte ich darauf hinweisen, daß es solche und solche Rinder gibt. Steakesser, die heute verzückt die Augen verdrehen und sich morgen fluchend die Fleischfasern aus den Zähnen polken, wissen, was ich meine. Diese Qualitätsschwankungen spielen nicht nur beim Steak eine Rolle, sondern auch beim Schwanz des Rindes. Bloß wie man beim Kauf erkennt, ob das Fleisch hinterher faserig sein wird oder nicht, das weiß ich auch nicht. Nur soviel: Das Fett an den Schwanzstücken muß weiß, nicht gelb sein! Alles andere ist mehr oder weniger Glückssache. Ochsenschwanz wird immer zerhackt verkauft, diese Arbeit nimmt Ihnen also der Metzger ab. Für vier bis sechs Personen brauchen Sie:

2 kg Ochsenschwanz, 2 große Zwiebeln,
2 Tomaten, 1 große Karotte,
1 TL getrockneter Thymian, 2 Knoblauchzehen,
2 Lorbeerblätter, das Weiße einer Lauchstange,
$\frac{3}{4}$ l trockener Rotwein, $\frac{1}{2}$ l Madeira,
Salz, Pfeffer, Tomatenmark

Der Anblick der Ochsenschwanzstücke ist zunächst furchteinflößend und deprimierend zugleich: ein dikker Fettpanzer außen, innen der grobe Knochen mit dem Mark – wie soll das jemals genießbar werden? Nur Geduld, es wird! Vom Fett dürfen Sie die dicksten

Stücke wegschneiden. Aber auf keinen Fall alles! Hinterher wird die Sauce ja entfettet, essen müssen Sie das nicht. Aber den Geschmack, den bringt in erster Linie das Fett ans Essen! Deshalb sind Rind und Schwein heute ja so fade, weil sie auf Verlangen unwissender Konsumenten als Magerschweine bzw. -rinder gezüchtet werden!
Zunächst würfeln Sie Zwiebeln, Lauch, Karotte und Tomaten. Für das Fleisch brauchen Sie einen Bräter, in dem Sie möglichst auch anbraten können, sonst müssen Sie diesen ersten Teil in einer oder in zwei Pfannen erledigen. Also Olivenöl in den Bräter, heiß werden lassen, das gründlich gesalzene und gepfefferte Fleisch von allen Seiten darin anbraten. Dann die gehackten Gemüse dazugeben und die Gewürze. Ich mache das alles in einem ovalen Edelstahlbräter von Silit. Er ist 36 cm lang und läßt sich auch auf dem Herd benutzen. Natürlich wird er wegen seiner Länge ungleichmäßig heiß, also schiebe ich ihn beim Anbraten hin und her und rühre auch fleißig mit dem Holzlöffel drin herum, damit bloß nichts anbrennt. Hat, nach ungefähr 20 Minuten, alles Farbe angenommen, gieße ich zwei Tassen Wasser dazu und lasse es auf starker Hitze und unter ständiger Kontrolle wieder einkochen. Kurz bevor das Gemüse anbrennen will, noch mal zwei Tassen Wasser dran und wieder einkochen lassen.
Während ich dabeistehe und immer wieder rühre, schmecke ich zum erstenmal ab. Das Gemüse ist bald ziemlich zerkocht, und der sich bildende dickliche Sumpf sollte sehr kräftig gewürzt sein. Vielleicht gebe

ich noch 1 EL Tomatenmark dazu, salze nach. Ist die Flüssigkeit zum zweitenmal fast verkocht, gieße ich den Wein dazu. Die Fleischstücke sollten bedeckt sein. Ich schließe den Bräter mit dem Deckel und schiebe ihn in den Backofen, den ich auf 150 Grad vorgeheizt habe. Dort bleibt das Ragout nun 6 (sechs!) Stunden. Das muß nicht hintereinander sein. Drei Stunden morgens und abends noch einmal drei Stunden, das schadet nicht. Was die Temperatur angeht, so darf sie auf keinen Fall zu heiß sein. Das Fleisch soll sanft vor sich hinschmurgeln, mehr nicht. Bräterdeckel schließen oft nicht dicht, deshalb muß jede Stunde nachgesehen werden, ob noch genügend Flüssigkeit im Topf ist. Bei Bedarf nachgießen. Wird das Fleisch mit dem Gemüse in einer Pfanne angebraten, weil Ihr Bräter entweder zu klein ist oder einen Boden hat, der für den Elektroherd ungeeignet ist, dann wird die Pfanne nach dem Einkochen und dem Umfüllen mit etwas Wein abgelöscht und der Bratensatz gründlich losgeschabt. Übrigens kann man das Ganze auch auf dem Ofen schmoren lassen, wenn man es in einen großen Suppentopf (10 Liter) umfüllt. Hauptsache, das Fleisch ist vom Wein bedeckt. Eine Flasche Rotwein und eine halbe Flasche Madeira (auf ein Glas mehr oder weniger kommt es nicht an), das klingt fast wie ein Gelage. Aber wahrscheinlich reicht das nicht einmal aus, um die Fleischstücke richtig zu bedecken. Nehmen Sie bedenkenlos noch Wasser dazu. Der Rotwein sollte zwar kein dünner deutscher sein, aber hier einen Burgunder zu verkochen wäre dann doch etwas snobistisch. Sehen Sie sich um, was es an Rotweinen aus Südwestfrankreich gibt, die sind immer preiswert und für unsere Zwecke gut genug; rote Italiener, so es keine Südtiroler sind, eignen sich ebenfalls.

Ob Ochsenschwanz oder Kalbsragout oder Schweinegulasch – im Prinzip wird das alles nach diesem Muster zubereitet. Zum Kalbfleisch wird man Weißwein nehmen, zum Gulasch einen Madeira. Nur die Garzeiten sind verschieden; die sechs Stunden für den Ochsenschwanz sind ein absoluter Rekord. Übrigens darf zwischendurch auch Wasser nachgegossen werden. Nur für die abschließende Verfeinerung der Sauce hebe ich mir ein Glas Wein auf, und wenn es vom Madeira ist, um so besser.

Bevor es soweit ist, kommt die Minute der Wahrheit. Irgendwann zwischen der fünften und sechsten Stunde nämlich (so wörtlich ist die Zeitangabe nicht zu nehmen), wenn Sie den Bräter aus dem Ofen holen und nun wahrscheinlich zum erstenmal gründlich untersuchen, was Sie da zusammengekocht haben! Der Ausruf »Du liebe Güte!« verrät, daß Sie ein Mensch mit starken Nerven sind; schwächere Naturen reagieren jetzt hysterisch. Denn der Anblick ist furchtbar! Aus der suppigen, dunklen Sauce ragen noch dunklere, unansehnliche, zusammengeschrumpfte, auseinanderfallende, aufgeweichte Brocken wie Trümmer einer Naturkatastrophe. Und das soll eßbar sein? Nun, möglicherweise ist es das nur unter Berücksichtigung des niedrigen Anschaffungspreises und auch dann nur, wenn Sie einen Satz Zahnstocher im Haus haben. Ich

Zum Ochsenschwanz
gehört
eigentlich ein
dicker Fettpanzer,
der auf diesem Foto –
kochbereit –
schon weggeschnitten ist.
Doch auf
keinen Fall das
ganze Fett entfernen!

Das Ragout
mit der kräftigen
Sauce ist genau
das richtige Rezept
für Anfänger
in der Kochkunst.

sagte ja bereits, daß man dem frischen Ochsenschwanz nicht ansehen kann, von welcher Qualität das vormals damit wedelnde Tier war. Wenn Sie aber Glück haben, dann ist das Fleisch zart. Weich ist es immer; so weich, daß Sie es mit Löffel und Gabel auseinanderfieseln können. Das ist nämlich der nächste Schritt, ganz egal, ob Sie ihn frohen Mutes oder deprimiert unternehmen. Sie nehmen also das Fleisch aus dem Bräter und versuchen mit Löffel und Gabel das Magere vom noch vorhandenen Fett und den Knochen zu lösen. Das, was eßbar ist, wird in sehr kleine Stücke zerfallen, die geben Sie in eine Schüssel. Alles andere werfen Sie weg. Als nächstes wird die Sauce durch ein Sieb gegossen. Perfektionisten haben dafür ein Spitzsieb im Haus. Erfahrungsgemäß dürfte ungefähr ein Liter Schmorsaft übrig sein, der durch Fleisch- und Gemüsereste zu einer dicken, fetten und trüben Brühe geworden ist. So etwas tropft nicht von selbst durch ein Haarsieb, da müssen Sie schon mit der Rückseite einer Suppenkelle kräftig nachhelfen! Auch das ist keine geringe Arbeit.

Doch nach einer gewissen Zeit ist es geschafft. Sie sind jetzt im Besitz von rund $\frac{3}{4}$ Liter Schmorsaft, der natürlich immer noch nicht die endgültige Sauce ist, aber schon jetzt Ihre Stimmung hebt. Ochsenschwänze ergeben nun mal eine unglaublich aromatische Sauce! Ganz anspruchsvolle Hobbyköche finden deshalb nichts dabei, dieses Rezept bis hierher zu befolgen, das Fleisch aber nun wegzuwerfen. Die Sauce allein ist ihnen die Arbeit wert! Auch für uns ist sie eigentlich die

Hauptsache; an den beiseite gestellten Fleischstücken ist nichts mehr zu ändern, die schmecken so, wie sie jetzt schmecken. Aber die Sauce!
Zunächst muß sie entfettet werden. Sie werden bemerken, daß auf ihrer Oberfläche das klare Fett fingerhoch steht. Wenn Sie es eilig haben, lassen Sie es sich noch eine Viertelstunde absetzen und schöpfen es dann vorsichtig ab. Entschieden gründlicher geht das, wenn Sie die Sauce über Nacht in den Kühlschrank stellen. Dann läßt sich die Fettschicht am nächsten Morgen mühelos abheben. Ja, und der Rest ist dann eigentlich ganz einfach. Die entfettete Schmorflüssigkeit wird in einem Sautoir, also in einer Pfanne mit hohen, schrägen Wänden, auf starker Hitze eingekocht. Der restliche Wein, den ich mir aufgehoben habe, kommt dazu, wahrscheinlich noch etwas Tomatenmark – mehr ist, wenn ich während des Schmorens bereits richtig gewürzt habe, nicht nötig. Butter, Sahne, Eigelb oder ähnliche stabilisierende Zutaten sind völlig überflüssig. Also einkochen lassen, bis etwa nur die Hälfte übrig ist. Wenn Sie jetzt abschmecken, werden Sie schlagartig erkennen, warum ich dieses letzten Endes fragwürdige Rezept für die zwar alltägliche, aber auch ambitionierte Küche empfehle: Eine kräftigere und aromatischere Sauce läßt sich nicht denken! Außerdem können Sie mit Ihrem Fleisch ja auch Glück haben. Doch so oder so: Das Fleisch kommt zurück in die jetzt fertige Sauce, noch einmal erhitzen – das war's. Wozu das nun gegessen wird, ist klar: Nudeln. Und als Gemüse sind die süßlichen Karotten geradezu ideal.

Damit keine Mißverständnisse aufkommen: Dieses Ochsenschwanz-Ragout entspricht dem eingangs erwähnten Gebrauchtwagen eines Anfängers. Ein Renommierschlitten ist das nicht. Aber ich meine, es läßt sich an diesem Billigfleisch erkennen, worauf es beim Braten und beim Schmoren ankommt und wie das Entstehen einer Sauce funktioniert. Darüber hinaus wird hier drastisch demonstriert, daß beim anspruchsvollen Kochen immer – ob es sich um Ochsenschwanz handelt oder um Rehrücken – der materielle Aufwand groß ist im Vergleich zum Resultat. Wer das nicht in Kauf nehmen will, muß deshalb nicht verhungern. Aber nur wer sich die entsprechende Mühe macht, die in diesem Fall nicht einmal zu einem gesicherten positiven Ergebnis führt, nur der hat eine Ahnung davon, was Gute Küche ist.

KANINCHEN MIT BACKPFLAUMEN

Wenn ich bekenne, daß ich Kaninchen lieber koche als fast alle anderen Dinge, so bitte ich zu unterscheiden zwischen *kochen* und *essen*. Wenn es ums Essen geht, ziehe ich eine Menge anderer Dinge vor, vor allem, wenn sie von guten Köchen zubereitet wurden. Aber wenn ich selber koche, geht mir fast nichts über ein Kaninchen. Das liegt daran, daß sich das weiße Fleisch des Karnickels mit seinem fast nicht existierenden Eigengeschmack mehr als anderes Fleisch eignet, eine Supersauce zu fabrizieren – der Traum und das Ziel jedes Hobbykochs. Denn ein Stück Fleisch in der Pfanne so hinzukriegen, daß es rosig und saftig ist, das ist lediglich eine Frage der Küchentechnik. Jedoch die Sauce dazu ... Außerdem sind Kaninchen ausgesprochen preiswert.
Ein Kaninchen wird immer geschmort. Wie das fertige Gericht am Ende schmecken wird, das entscheiden allein die Zutaten, die mit dem Fleisch in den Bräter kommen. Es existiert nur noch ein anderes Tier, für das es ebenso viele Rezepte gibt wie für ein Kaninchen:

das Huhn. Und wenn nicht wenige Kochbücher sich ausschließlich mit Hühnern beschäftigen, so wären auch Kochbücher vorstellbar, deren einziges Thema das Kaninchen ist. Es gibt sie nur deshalb nicht, weil es nicht so viele Kaninchen gibt. Die werden nämlich nicht in solchen Massen und nicht unter so berüchtigten Bedingungen gezüchtet wie Hühner. Das erfreut gleichermaßen die Zunge des Feinschmeckers wie das Gemüt des Tierfreundes.

Doch Kaninchen ist nicht gleich Kaninchen. Das hängt wohl mit der Rasse, vor allem aber mit dem Alter der Kaninchen zusammen. Auf unseren Märkten werden sie immer ausgewachsen angeboten; enthäutet wiegen sie dann ungefähr zwei Kilo oder mehr: zu alt, zu groß. Unsere Züchter setzen immer noch auf Quantität – ob Winzer, Gemüsebauer oder Kaninchenzüchter: Bohnen werden erst gepflückt, wenn sie dick und hart sind, auf einem Hektar Weinacker werden 200 Hektoliter und mehr gelesen (in Burgund oder Bordeaux um 45 hl!), und Kaninchen läßt man wachsen, bis sie Körper wie Preisboxer haben. Doch es gibt auch kleine junge. Es kommt mir selber blöd vor, wenn ich immer wieder sagen muß, daß die besseren Qualitäten alle aus Frankreich stammen, aber so ist es nun einmal. In den Lebensmittelabteilungen einiger Kaufhäuser bekomme ich solche kleinen, aus Frankreich importierten Kaninchen, deren Fleisch viel zarter ist als das der dikken Rammler aus deutschen Landen und die deshalb fast doppelt so schnell gar werden. Das heißt jedoch nicht, die großen Stallhasen seien ungenießbar. Auch

wenn sie nicht ganz so weich und so saftig werden wie die Halbwüchsigen, so sind sie doch längst nicht so hart wie Kalbfleisch und nicht so zäh wie ein Stück vom Rind. Vor allem aber: die Sauce!
Ich möchte behaupten, daß es keine Zubereitungsart für irgendein Schmorfleisch gibt, die nicht auch auf Kaninchen anwendbar wäre. Also in Bier oder mit Oliven; in Rotwein oder Essig; mit Pilzen oder Senf, Speck oder Sahne, Ingwer oder Pflaumen. Kaninchenfleisch ist das Rohmaterial für unvergleichliche Saucen; mit einem Kaninchen im Topf ist jeder ein großer Saucier! Da brauche ich keinen Fond, habe kein Problem mit der Konsistenz – ein Schmorkaninchen produziert ganz automatisch eine Sauce, wie sie sein soll! Und wenn ein Kaninchen auch keinen deutlichen Eigengeschmack hat, so nimmt es doch bereitwillig den Geschmack der Sauce an. Hier ein Beispiel:

Geschmortes Kaninchen mit Backpflaumen

1 Kaninchen von ca. 2000 g (reicht für 6 Personen),
24 Trockenpflaumen, 150 g geräucherter Bauchspeck,
2 EL Schweineschmalz, 2 Karotten,
1 Handvoll Schalotten, ½ Flasche Weißwein,
300 g Sahne, 1 Zitrone/Thymian

Bei diesem Rezept gehe ich von einem zwei Kilo schweren Karnickel aus, weil solche leichter zu haben sind als junge. Der Weißwein ist wie immer trocken, diesmal aber aus Weißburgunder- oder Chardonnay-Trauben. Riesling oder Müller-Thurgau wäre zu fruchtig. Die Trockenpflaumen (ich rechne 4 Stück pro Portion) weiche ich mindestens zwei Stunden in Tee ein.

Und zwar in *sehr starkem* schwarzem Tee! Außerdem macht es durchaus einen Unterschied, welche Sorte ich nehme. Damit er sich gegen den Fruchtgeschmack überhaupt durchsetzt, muß er sehr aromatisch sein. Ich habe mit Earl Grey die besten Erfahrungen gemacht. Trockenpflaumen sind meistens nicht entkernt. Also entkerne ich sie, nachdem sie lange genug im Tee gelegen haben. Allerdings nicht alle, weil die dabei zwangsläufig halbierten Pflaumen später ziemlich verkochen (was der Sauce zugute kommt), ich aber einige noch im Ganzen wiederfinden möchte.
Das Kaninchen habe ich mir vom Händler zerteilen lassen: jedes Bein einzeln und den Rücken in drei Teile. (Den Kopf darf er behalten.) Die Fleischlappen links und rechts an den Rippen werden ebenfalls abgetrennt. Nun gebe ich das Schmalz in einen ovalen Bräter und lasse darin den gewürfelten Speck aus. Dann kommen die acht Kaninchenteile hinein und werden *langsam* und *vorsichtig* angebraten. Dabei gut salzen und auch bereits pfeffern: Ein halber Eßlöffel geschrotete schwarze Pfefferkörner ist nicht zuviel. Die Anbraterei auf dem Herd dauert an die 20 Minuten. Während dieser Zeit sollen die Stücke nur leicht hellbraun werden, die Hitze darf also nicht zu stark sein. Immer wieder herumdrehen, eventuell noch Schmalz dazu. Die Schalotten habe ich schon vorher geschält, aber nicht zerschnitten, die Karotten gewaschen und gewürfelt. Sollten Sie ein kleines, leichteres Kaninchen bekommen haben, das nur für vier Personen reicht, dann nehmen Sie von den Zutaten etwas weniger,

schneiden aber sowohl den Speck als auch die Karotten in *größere* Stücke, damit Sie die hinterher besser herausfischen können. In der für ein junges Kaninchen um fast die Hälfte kürzeren Garzeit werden Speck und Karotten nämlich nicht weich.

Nun eine kleine Prise Thymian (getrocknet) dazu, Schalotten und Karotten leicht anrösten lassen und den Wein hinein! Wahrscheinlich nicht allen Wein; das Fleisch sollte nur zur Hälfte vom Wein bedeckt sein. Deckel drauf, in den auf 200 Grad vorgeheizten Ofen schieben und die Temperatur auf 180 Grad zurückdrehen.

Ein großes Kaninchen braucht nun noch $1\frac{1}{2}$ Stunden, bis es gar ist. Bis die Keulen gar sind, muß es richtig heißen. Denn der dreigeteilte Rücken wird – ähnlich wie das Brustfleisch vom Huhn – viel schneller gar. Also habe ich die Rückenstücke zusammen mit den anderen Teilen zwar anbraten lassen, nehme sie aber heraus, bevor das Kaninchen in den Backofen kommt. Ich werde sie später, etwa eine halbe Stunde vor Ende der Schmorzeit, wieder dazulegen; das genügt, um sie weich zu kriegen, verhindert aber, daß sie austrocknen.

Während der Bräter im Ofen steht, sehe ich alle 20 Minuten nach, was in ihm passiert. Dabei wende ich die Fleischstücke, gieße eventuell noch etwas Wein nach. Beim zweitenmal, also nach ungefähr 40 Minuten Garzeit, lege ich die Pflaumen dazu und gieße die Sahne an. Abschmecken und wahrscheinlich nachsalzen. Deckel drauf und zurück in den Ofen.

Ob sich die Flüssigkeit im Bräter nun von selber reduziert oder ob ich das Ganze in den letzten 15 Minuten ohne Deckel schmoren lassen muß oder ob ich, weil das Fleisch weich genug, die Sauce aber zu suppig ist, den Bräter *auf* den Herd setze und die Sauce dort bei großer Hitze einkochen lasse, das ist nicht genau vorauszusagen. Ganz gewiß wird die abschließende Verfeinerung der Sauce auf dem Herd erfolgen, allein schon deshalb, weil ich dort besser arbeiten kann.
Also zwei Herdplatten erhitzen, den Bräter draufsetzen und das Finale beginnen! Dazu gehört der Zitronensaft, den ich hineinträufele, dazu gehört vielleicht noch mehr Sahne, vielleicht noch etwas Wein, das Nachsalzen und -pfeffern nicht zu vergessen. Kann auch sein, daß die Sauce immer noch etwas zu flüssig ist und jetzt weiter eingekocht werden muß. Jedenfalls ist das die Phase, in der es sich entscheidet, ob die Sauce gut, supergut oder irregut wird. Mein Kaninchen ist fertig.
Die unansehnlichen Vorderbeine sind die besten Stücke, weil sie auch durch zu langes Schmoren nicht trocken zu kriegen sind. Die großen Hinterbeine, auf die sich gierige Kinder und unverschämte Gäste zuerst stürzen, sind in dieser Hinsicht empfindlicher, weil sie nicht wie der Rücken in kurzer Zeit gar werden, andererseits ihre Saftigkeit nicht ewig bewahren wie die Vorderläufe. Die Bauchlappen schließlich sind erstaunlich zart: Wer sich scheinbar bescheiden zurückhält und die am wenigsten ansehnlichen Stücke nimmt, wird köstlich belohnt!

Da es sich bei diesem Schmorkaninchen um richtige Hausmannskost handelt, serviere ich Fleisch und Sauce nicht getrennt. Eine große angewärmte Porzellanschüssel mit Deckel wird mit der ganzen Herrlichkeit gefüllt und dampfend auf den Tisch gestellt. Und als Beilage gibt es nur eins: Nudeln! Bandnudeln, und zwar die schmale Sorte, ziehe ich allen anderen vor. Und ich koche sie nicht al dente! Denn meine Bandnudeln sind Eiernudeln, welche, anders als Hartgrießspaghetti, durch und durch gar sein müssen. Natürlich nicht matschig; aber das werden sie so leicht gar nicht. Matschige Nudeln findet man fast nur in Restaurants, wo sie vorgekocht auf den Gast warten müssen und dann noch einmal aufgewärmt werden. Und noch etwas: Ich mache meine Nudeln nicht selber! Es gibt heute Fabriknudeln, die sind so gut, daß sie nicht von selbstgemachten zu unterscheiden sind; nur frisch müssen sie sein. Überdies findet man in fast allen Städten italienische Spezialgeschäfte, die täglich frische Nudeln herstellen. Warum soll ich mir da noch die Mühe machen und meine Nudelmaschine vom Dachboden holen, wo sie schon seit Jahren unbenutzt herumsteht?

Statt dessen eile ich in den Keller. Mein Kaninchen ist nämlich auch ein willkommener Anlaß für eine schöne Flasche Rotwein! Ein Volnay oder ein Pernand-Vergeless, also leichtere Burgunder, paßt wunderbar dazu. Aber auch ein Mercurey oder ein besserer Beaujolais ist nicht zu verachten oder ein Graves, ein Chinon oder Bourgeuil. Gemüse gibt's keines, das halte ich bei die-

Zu Kaninchen
mit Backpflaumen
schmeckt am besten
schwarzer Tee.

Ein Kaninchen
wird immer geschmort.
Entscheidend
bei diesem Gericht
sind allein die Zutaten,
die mit dem Fleisch
in den Bräter kommen.

ser wuchtigen Sauce für unangemessen: Was bliebe von dessen Geschmack denn noch übrig?
Beinahe hätte ich's vergessen: Zum Kaninchen gehört eine Leber, und die ist eine ganz große Delikatesse! Ich säubere und zerteile sie in mundgerechte Stücke. Die brate ich nur ganz kurz – ungefähr eine Minute! – in Butter an, salze, pfeffere und serviere sie dann zusammen mit rohen Champignonscheiben auf Feldsalat als ersten Gang vor dem Hauptgericht: Der Begriff *unvergeßlich* ist hier angebracht!

KIRSCHEN ZUM DESSERT

Von Fredy Girardet, einem der größten Köche unserer Zeit (sein Restaurant in Crissier bei Lausanne ist eine Pilgerstätte für Gourmets) lese ich eine handschriftlichte Notiz: ›Kirschen werden im allgemeinen viel zuwenig für Desserts verwendet – eine Schande!‹ Der Schweizer Meisterkoch hat recht. Denn Kirschen haben zwei Voraussetzungen, die sie als Obst für ein Dessert besonders geeignet machen. Sie sind nicht nur süß, sondern haben als Kontrast die notwendige Säure, und ihr Fruchtfleisch ist auch noch fest, wenn es gekocht oder sonstwie der Hitze ausgesetzt wird. Eine ideale Frucht für heiße Desserts! Und noch einen Vorteil haben Kirschen: Auch außerhalb der Saison, wenn es sie nicht frisch gibt – also im größten Teil des Jahres –, muß man nicht auf sie verzichten; denn im Gegensatz zu manchem anderen Obst schmecken sie auch eingemacht gut, vorausgesetzt, daß man sie weiterverarbeitet. Und das geschieht beim *Kirschauflauf.*
Eigentlich ist es schon mehr ein Soufflé, weil das Ganze von einer Eiweißhaube gekrönt wird. Das aber

erst am Schluß dieser grandiosen Schöpfung; zunächst entsteine ich meine Kirschen. Für vier Personen brauche ich:

400 g entsteinte Kirschen, 1 Eigelb,
2 Eiweiß, ca. 100 g Zucker, 1 Zitrone,
Kirschwasser, Butter

Verständlicherweise spielt die Art der Kirschen eine Rolle: Sind es Sauerkirschen, helle Frühkirschen, dicke Spätkirschen oder gar eingemachte Kirschen? Die späten sind saftiger als die frühen, die Sauerkirschen saurer und die eingemachten schon gesüßt. Entsprechend (und deshalb nicht zu präzisieren) ist die benötigte Zuckermenge. Dies alles mag kompliziert und verwirrend klingen, aber ich führe es nur an, damit Sie sehen, wie viele Einzelheiten zu beachten sind, auf welche Details es immer wieder ankommt. In diesem Fall geht es nur um die einfache Frage: Wie süß? Davon hängt ab, wieviel Zucker meine Kirschen mit in die Pfanne kriegen. Dort hinein kommen sie nämlich zunächst. In der Pfanne habe ich bereits 1 EL Butter heiß werden lassen. Auch die Kirschen werden erhitzt, darüber streue ich die Hälfte des Zuckers. Nun lasse ich die Kirschen auf mittlerer Hitze karamelisieren. Das geht nicht so schnell, soll es auch nicht; denn gar werden müssen die Kirschen ja auch. Da der Kirschsaft erst nach und nach austritt, sieht es zunächst so aus, als würde der Zucker auf dem Pfannenboden anbrennen. Deshalb schüttele ich die Pfanne ständig, danach rühre ich mit dem Holzlöffel. Der Saft, der sich mehr und mehr in dunkelroten Sirup verwandelt, sollte

leicht köcheln. Wenn er schön dicklich ist, gieße ich das Kirschwasser darüber und flambiere.
Kirschwasser ist unter den Obstbränden einer der teuersten, in der Dessertküche allerdings auch einer der nützlichsten Schnäpse. Was er jetzt den Kirschen mitgibt, das schmecken Sie später deutlich heraus. Deshalb ist die Qualität des Wässerchens wichtig! Also geben Sie Ihrem Herzen und der besten Flasche Ihrer Hausbar einen Stoß: Ein Dreifacher darf es schon sein!
Vorsicht beim Flambieren! Halten Sie die Pfanne am ausgestreckten Arm, wenn Sie das Streichholz dranhalten, die Flammen lodern schlagartig hoch! Dabei leicht schütteln, bis der Alkohol verbrannt ist. Dann den Inhalt der Pfanne in ein Sieb über eine Schüssel gießen und abtropfen lassen. Das war der erste Teil.
Akt II: Den Backofen auf 250 Grad vorheizen oder mehr, wenn er das schafft. Nun trennen Sie Eigelb und Eiweiß. Zum Eigelb einen hohen Eßlöffel Zucker geben, so lange schlagen, bis der Zucker aufgelöst und das Eigelb hell und schaumig ist, 1 TL Zitronensaft untermischen. Danach die 2 Eiweiß mit $1\frac{1}{2}$ EL Zucker sehr steifschlagen. Das geht mit dem Elektroquirl mühelos, mit dem Handbesen ist es anstrengend und bewirkt einen schöneren, weil luftigeren Schnee. Es wird die Welt nicht untergehen, wenn Sie den Elektroquirl nehmen; nur sollten Sie wissen, daß Sie damit die zweitbeste Methode gewählt haben! Zum Schluß, wenn der Eierschnee bereits steif ist, ziehen Sie 1 EL Zitronensaft unter. Nun werden die Kirschen in kleine, feuerfeste Portionsschüsselchen gefüllt. Am besten

eignen sich weiße, runde Charlottenformen von 6 cm Durchmesser. Die Kirschen sollten sie nur zur Hälfte füllen. Darüber gießen Sie den abgetropften Sirup. Wenn der gerade ausreicht, ohne daß die Kirschen davon bedeckt werden, dann haben Sie ihn genau richtig eingekocht. Mit einem Spachtel vermischen Sie nun *vorsichtig* die gelbe und die weiße Eiermasse und häufeln davon auf jede Form einen großen Klacks. Die Formen stellen Sie *auf den Boden* des sehr heißen Backofens und beobachten, was passiert. Denn schon nach zwei bis drei Minuten kann die Eierhaube auf den Formen hochgehen und an der Oberfläche hellbraun werden! Dann sofort raus und servieren! Der herrliche Anblick dieser kleinen Kunstwerke hält, was er verspricht: Sie haben ein ungewöhnlich eindrucksvolles und ein ungewöhnlich leckeres Dessert auf den Tisch gebracht!
Dieser Kirschauflauf – oder Soufflé, wenn Sie so wollen – ist auch im Winter machbar; denn, wie ich schon sagte: Kirschen sind auch eingemacht verwendungsfähig. Der Unterschied liegt nur darin, daß es verschiedene Fabrikate gibt – in Gläsern, in Konserven – und damit, wie bei den frischen, verschiedene Abstufungen der Säure, und meistens sind die sogar schon gesüßt. Doch das sollte Sie nicht irritieren. Nur das ist anders: Die Kirschen sind bereits gar; den Saft gieße ich weg. Also die Kirschen in die Pfanne, den Zucker dazu und nur kurz kochen lassen. Nun geht es weiter wie bei den frischen. Wiederum besteht die einzige Gefahr des Mißlingens darin, daß der Sirup am Ende zu süß ist.

Nun gibt es Zeitgenossen, die finden Kirschen genauso lecker wie ich, aber die wollen sich nicht einmal das hier beschriebene bißchen Arbeit machen. Für die hat der Urvater aller Köche das Obstkompott erfunden, und *Kirschkompott* ist wiederum eines der schönsten Geschenke für faule Süßmäuler.
Mengenangaben kämen hier dem Eingeständnis gleich, daß ich es bei meinen Lesern mit küchentechnischen Analphabeten zu tun habe – oder mit zungenamputierten Robotern. Die entsteinten Kirschen werden in einer Kasserolle mit trockenem Weißwein aufgesetzt. Zucker und Zimt im Verhältnis 3:1 sowie nach Geschmack hinzufügen, 2 ganze Nelken, wenn die Kompottmenge für ungefähr vier Portionen reichen soll, und das Ganze köcheln lassen, bis der Wein sich mit dem Kirschsaft zu einem dünnen Sirup verbunden hat. Vielleicht ist es in der Endphase nötig, neuen Wein anzuschütten, wenn zum Beispiel der Saft sich als zu süß und zu dickflüssig erweisen sollte. Die Nelken werden jedenfalls herausgefischt und das Kompott in eine Glasschüssel gefüllt. Abgekühlt servieren. Das ist fast primitiv einfach, aber was soll's! Geschlagene süße Sahne würde ich trotzdem nicht dazu servieren, da fehlt dann nur noch der Teigboden, und Sie haben die übliche Sonntag-Nachmittag-Kirschtorte. Besser erscheint mir folgende Weiterverarbeitung der Kirschen: Sie werden in vorgebackene, dünne Pfannkuchen gefüllt und im Ofen überbacken. Das ist nun nichts für die Faulen im Lande, und ein Dessert von überraschender Gewichtigkeit ist es auch. Also nichts, was ich

Kirschen
sind ideale Früchte
für heiße
Desserts.

Der köstliche
Kirschauflauf
wird von
einer Eiweißhaube
gekrönt.

nach einem Menü servieren würde, wo schon kräftige Saucen, vor allem Sahne, eine Rolle spielen. Hingegen ist es ideal nach einer leichten Angelegenheit wie Reistopf, pochierter Fisch oder nach ähnlich mageren Dingen. Wiederum können genaue Mengenangaben hier nur unverbindlich sein. Wer sich bei den Zutaten blindlings auf angegebene Mengen verläßt, versäumt darüber den Reiz des Kochens, nämlich den (subjektiv) richtigen Geschmack selber zu bestimmen! Der stellt sich keineswegs automatisch ein. Deshalb beherzigen Sie hier wie überall den wichtigen Grundsatz: Abschmecken ist besser als lesen! Wer zuerst seiner Zunge vertraut, wird nicht nur müheloser kochen, sondern auch besser. Nur bei gewissen Teigen ist die Waage unerläßlich. So bei den *Crèpes,* die die Grundlage dieses Rezeptes bilden. Dabei wiederum ist es ziemlich schwierig, die Herstellung von kleinen Quantitäten zu beschreiben. Logisch: Wenn 8 Eier gebraucht werden, kommt es auf deren Größe nicht so an, bei 2 Eiern jedoch.

I. Teig für 6 Personen:
100 g Mehl, 40 g Zucker, 3 Eier, $\frac{1}{8}$ l Milch,
2 EL Pflanzenöl, 1 Prise Salz

II. Für die Füllung:
300 g entsteinte Kirschen,
1 Glas Weißwein (Riesling, Müller-Thurgau etc.),
80 g Zucker, 1 TL Zimt

III. Zum Überbacken:
2 Eier, $\frac{3}{8}$ l Sahne, 1 Tüte gehobelte Mandeln,
80 g Zucker, Kirschwasser

I. Der Teig: Mehl, Zucker, Eier und Salz zu einem dikken Brei rühren, Milch und Öl dazugeben und zu einem glatten, dünnen Teig verquirlen. Mindestens eine Stunde ruhen lassen. Crèpes, also Pfannekuchen, sind eine Spezialität der deutschen Küche. Ich setze deshalb voraus, daß jeder schon einmal bei Muttern zugesehen hat, wie ein solcher Teig entsteht, und somit eine Vorstellung davon hat, wie flüssig er sein muß. Der Teig ist also vorbereitet.
II. Die Füllung: In einer großen Pfanne wird der Wein mit dem Zucker und dem Zimt zum Kochen gebracht, darin werden die Kirschen pochiert. Frische Kirschen brauchen sechs bis acht Minuten; eingemachte (ohne ihren Saft) werden bei geschlossenem Deckel nur kurz gedünstet; sie sollen nur noch das Aroma annehmen, gar sind sie ja schon. Wenn die Kirschen nichts als süß sind, 1 oder 2 EL Zitronensaft hinzugeben (Kontrast!). Die Flüssigkeit ganz verkochen lassen. Beiseite stellen.
III. Das Überbacken: Den Backofen stark vorheizen. Eine flache, feuerfeste Form von passender Größe ausbuttern. Die vorgebackenen Crèpes zur Hälfte mit den Kirschen belegen, zusammenklappen und noch einmal umklappen. In die Form legen. Dicht mit den gehobelten Mandeln bestreuen. Die Eier, Sahne und den Zucker schaumig schlagen und über die Crèpes gießen. Die Form in das oberste Drittel des Backofens stellen und überbacken lassen. Dabei genau beobachten: Schon nach wenigen Minuten stockt die Masse und wird braun! Raus, und mit Kirschwasser begießen und flambieren. Servieren – schmeckt traumhaft!

Ich kann verstehen, wenn eine Familie von Süßmäulern diese überbackenen Kirschpfannekuchen sogar als Hauptgericht auf den Tisch bringt! Danach jedoch scheint es mir angebracht, auf die berüchtigte deutsche Sitte zurückzugreifen und einen fruchtigen (aber säuerlichen!) Weißwein zu trinken, sozusagen als Nachtisch nach dem Nachtisch. Das erübrigt den fälligen Verdauungsschnaps. Kinderreichen Familien empfehle ich, von vornherein eine größere Menge herzustellen. Was übrigbleibt, läßt sich am nächsten Tag problemlos mit etwas frischer Sahne noch einmal im Ofen aufbacken. Und wenn von dem Kirschwasser noch etwas übrig ist, wird auch Vater nichts dagegen haben.

EIN WEIHNACHTSMENÜ

Weihnachten im Zeichen der Ente, das klingt vertraut, das scheint nicht weit von der traditionellen Weihnachtsgans entfernt. Dennoch besteht zwischen ihnen ein himmelweiter Unterschied. Gewiß, auf die übliche Art gebraten sind beide ziemlich schwerverdauliche Brocken, beide produzieren große Mengen Schmalz, für das ich heutzutage keine vernünftige Verwendung mehr finde. Aber während man die Gans nur so braten kann, wie das schon unsere Großmütter machten, hat die Ente auch in der modernen Küche ihre Berechtigung. Besonders, wenn sie, wie hier, gekocht wird. Auf eine Weise allerdings gekocht, die nicht an ein Suppenhuhn erinnert, sondern eher an jene klaren, geheimnisvoll unter einem Blätterteigdeckel versteckten Kraftbrühen der großen Restaurants. Eine Edelconsommé also, die diesmal jedoch keine Trüffel und keine Foie gras enthält, sondern mageres Entenfleisch und Morcheln. Vorher, weil Enten ja nun einmal Lebern haben (hoffentlich!), gibt's Salat mit gebratenen Entenlebern, davor eine Quiche mit Räucherlachs

und hinterher eine weiße Mousse, die, weil Weihnachten ist, nach Lebkuchen schmeckt. Es darf geschluckt werden.
Für die *Quiche* bereiten Sie einen Mürbeteig aus 250 g Mehl, 125 g Butter, 1 Eigelb, Salz und Wasser, 3 mm dünn ausrollen und in eine Form legen. Überstehende Ränder mit dem Nudelholz abrollen. Den Teigboden dicht mit kleinen Würfeln von Räucherlachs belegen. Diese sollten nicht aus den üblichen, dünnen Scheiben geschnitten sein. Es gilt also, im Feinkostgeschäft 2 (oder 4, je nach Bedarf) dicke Scheiben Räucherlachs zu verlangen. Dicke Endstücke, die meistens billiger verkauft werden, tun es auch. Darauf wird eine Mischung aus 3 Eigelb, 2 Eiweiß, $\frac{1}{4}$ l Sahne, 3 EL Crème fraîche, Salz und Pfeffer gegossen, die Form auf den Boden des auf 200 Grad vorgeheizten Ofens gestellt. Die Hitze auf 150 Grad reduzieren und so lange bakken, bis die Masse stockt und goldbraun geworden ist. Den Wunsch, den Räucherlachs mit Dill zu aromatisieren, sollten Sie unterdrücken. 20 Minuten später warm servieren.
Vom Feldsalat müssen die Stiele entfernt werden. Die Blätter waschen und trockenschleudern. Aus Walnußöl, Sherryessig, 1 sehr feingehackte Schalotte, Salz, Pfeffer, 1 Prise Zucker eine Vinaigrette herstellen. Die Entenlebern von allen Nervensträngen säubern, wozu man sie am besten halbiert. In schäumender Butter vorsichtig anbraten, bis sie steif werden; innen sollen sie noch rosa sein. Herausnehmen, leicht salzen, auf die angerichteten Salatteller legen. Die Bratbutter weg-

gießen, und den Bratensatz in der Pfanne mit der Vinaigrette ablöschen, sei er auch noch so gering. Etwas Geschmack wird die Salatsauce annehmen und auch warm werden. Und das soll sie. Über Lebern und Salat gießen. Wenn Ihnen die Enten ohne Lebern verkauft wurden, geht das auch mit Hühnerlebern.
Es gibt mehrere Sorten Enten; am häufigsten auf dem Markt sind die minderwertigsten, nämlich die großen, fetten Frühmastenten. Besser sind die kleineren Flugenten oder die französischen Barbarie-Enten. Ihr Fleisch ist fester, ihr Geschmack intensiver. Was auch immer Sie kaufen können (bloß keine tiefgefrorene!), eine Ente reicht für zwei Esser und für drei nur dann, wenn es keine hungrigen Halbwüchsigen sind. Für eine kräftige Bouillon (4 bis 6 Personen) brauchen Sie:

1 kg Fleischknochen,
500 g Ochsenschwanz,
Entenklein und -knochen,
2 große Zwiebeln, 250 g Möhren,
das Weiße von 2 dicken Lauchstangen,
Sellerie usw.

Eine Rinderbouillon ist in deutschen Haushaltungen ja nichts Unbekanntes.
Zum Klären: pro Person 150 g absolut mageres, durchgedrehtes Rindfleisch, 4 Eiweiß und
als Einlage: pro Portion 3 bis 4 getrocknete Morcheln, Kartoffeln, Lauch, Karotten, extra feine Erbsen (entweder aus der Dose oder, ja, Sie lesen richtig: tiefgefroren; anders gibt es sie nämlich nicht) und das fertiggekochte Entenfleisch.

Am Tag vorher: Von den Enten werden die Keulen abgetrennt und die Brüste ausgelöst. Ersteres ist ganz einfach; an die beiden Brusthälften kommen Sie besser ran, wenn Sie sie vorher enthäuten. Mit einem scharfen Messer ist das Auslösen dann kein Problem mehr. Die restliche Ente wird vollständig enthäutet und von jeglichem Fett befreit. Alles andere – Flügel, Hals, Magen sowie das ganze Gerippe – kleinhacken und zusammen mit Ochsenschwanz und Fleischknochen in 4 l kaltem Wasser aufsetzen und zum Kochen bringen. Die Hitze sofort reduzieren und leise köcheln lassen. Die aufsteigenden Trübstoffe immer wieder abschöpfen. Dann erst das kleingeschnittene Suppengemüse mit 3 Lorbeerblättern und 1 TL Nelken hinzugeben, salzen, pfeffern. Drei bis vier Stunden ohne Deckel köcheln lassen. In der letzten Stunde die enthäuteten Entenkeulen dazugeben. Die können schon nach 45 Minuten gar sein, das hängt von der Rasse ab und muß geprüft werden. Herausnehmen. Die Brühe durch ein Sieb abgießen. Die Entenkeulen wieder einlegen und kaltstellen. Am anderen Morgen wird das Fett auf der Brühe einen harten Deckel gebildet haben: abnehmen und wegwerfen. Knapp ein Liter Brühe abfüllen und mit den Entenkeulen beiseite stellen.
Zum Klären und Kräftigen der Brühe vermischen Sie nun das Hackfleisch mit den 4 Eiweiß, legen es auf den Boden eines Suppentopfes, gießen mit der kalten Brühe auf und bringen diese langsam zum Kochen. Sofort auf kleine Hitze stellen und eine Stunde simmern lassen. Das Hackfleisch wird seine Kraft an die

Brühe abgeben, gleichzeitig bindet das Eiweiß die Trübstoffe in der Brühe: Diese wird zur klaren Consommé! Noch einmal durchs Haarsieb und mit Salz abschmecken. Damit sich die Consommé nicht wieder trübt, werden alle anderen Zutaten extra gekocht bzw. warmgemacht, dazu dient der beiseite gestellte Rest der Brühe.
Die Morcheln wie üblich einige Stunden in warmem Wasser einweichen, sehr gründlich waschen und in der Brühe gar kochen; das dauert ungefähr ½ Stunde. Herausnehmen, abtropfen.
Karotten und Lauch für die Einlage werden gewaschen und in Julienne geschnitten, das sind die gefürchteten, streichholzgroßen Streifen. Ist aber halb so schlimm, wenn man es intelligent anfängt und ein gutes Kochmesser hat: Die geschälten Karotten der Länge nach in flache Scheiben schneiden, aufeinanderlegen und dünne Streifen abschneiden, auf 4 cm Länge stutzen. Der Lauch wird zum gleichen Zweck halbiert, dann die Streifen einfach herunterschneiden, zurechtstutzen. Die Erbsen – nun, das steht auf der Packung. Sie sollten gewürzt und gar, aber nicht zerkocht sein. Die Kartoffeln werden geschält, halbiert und dann in Würfel geschnitten, die kaum größer sein sollen als die Erbsen. Sie werden ganz normal in wenig, schwach gesalzenem Wasser gargekocht. Ebenso die Karotten-Julienne (sie bekommen eine Prise Zucker mit auf den Weg). Nur die Lauch-Julienne kommen feucht (vom Waschwasser) in eine fettfreie Kasserolle und werden mit wenig trockenem Weißwein gargedünstet. Alle Ge-

müse selbstverständlich mit Salz abschmecken. Das geht nicht alles gleichzeitig, vor allem der Lauch in dem bißchen Wein muß beobachtet werden, weil er leicht anbrennt. Aber, bedingt durch die Dünne der Gemüsestreifen sind die Kochzeiten extrem kurz. Während man die warmen Karotten- und die Lauch-Julienne warmstellen kann (im Ofen, wo vorher die Quiche war), sollten die Kartoffelwürfel nicht lange herumstehen, das vertragen fertige Salzkartoffeln in keinem Fall.

In der Brühe werden die Entenbeine wieder erhitzt und – dies ist der einzige Kochvorgang, der unmittelbar vor dem Servieren gemacht werden muß – die Entenbrüste eingelegt. Diese haben Sie vorher picobello gesäubert und in mundgerechte Würfel geschnitten. Die sind in fünf Minuten gar, innen noch leicht rosa. Herausfischen und mit allen anderen Zutaten, die gut abgetropft sein sollen, in eine große Suppenterrine legen. Darüber die wieder erhitzte, klare Consommé gießen – servieren!

Ich gebe zu, daß die Entenbeine in diesem Arrangement von Zartheiten ein wenig plump wirken. Da gibt es zwei Alternativen. Entweder auf einem kleinen Extrateller servieren und mit Messer und Gabel essen (in die Hand nehmen und abknabbern wäre eigentlich angemessener gewesen) oder das Fleisch vorher von den Knochen abfieseln. Jedenfalls sollte der gefüllte Teller keineswegs an die üblichen Eintopfsuppen erinnern. Also – und damit komme ich zu den bisher nicht präzisierten Gemüsemengen – von allen Zutaten nur we-

nig. Weder sollen die Kartoffeln die Julienne unter sich begraben noch das Ganze eine dicke Gemüseschicht im Teller bilden. Schließlich will man die wenigen Morcheln ja auch noch sehen und schmecken können. Dazu aber muß die Consommé eher an die ästhetischen Kreationen der japanischen Küche erinnern als an das übliche Durcheinander auf unseren Tellern. Deshalb geht es auch so: Alle fertigen Gemüse und das Entenfleisch auf die Teller legen (das garantiert eine gerechtere und schönere Verteilung) und dann erst mit der heißen Consommé übergießen. Wahrscheinlich werden Sie in jedem Fall feststellen, daß Sie zuviel Gemüse und Kartoffelwürfel gemacht haben. Seien Sie froh! Denn das alles zusammen (vermutlich bleibt auch vom Fleisch etwas übrig) ergibt am nächsten Tag ein wunderbares Gratin, wenn Sie zerkrümelten Schafskäse (nicht viel) daruntermischen und es in einer gebutterten, flachen und feuerfesten Form, mit Butterflöckchen belegt, im heißen Ofen überbacken!
Mit dieser Entenconsommé läßt sich demonstrieren, daß ein im Grunde bürgerliches Gericht zu einem Feiertagskunstwerk werden kann. Dort, wo sich am Weihnachtstisch nicht mehr als vier Personen versammeln, besteht die zusätzliche Möglichkeit, die Teller, die dann allerdings kleine, feuerfeste Schüsseln sein müssen, mit dem eingangs erwähnten Blätterteigdeckel zu verschließen. Bei mehr als vier Personen wird das Hantieren mit dem Blätterteig umständlich, auch passen in die meisten Öfen nur vier Schüsselchen. Also: Tiefgefrorenen Blätterteig auftauchen, 5 mm dick aus-

Zum festlichen Weihnachtsmenü gehört auch der festlich gedeckte Tisch.

rollen, groben schwarzen Pfeffer eindrücken. In passende, runde Scheiben schneiden und über die Schüsseln mit der Consommé legen. Die Ränder mit Eiweiß verkleben, die Oberfläche mit Eigelb bepinseln. Im Ofen bei starker Oberhitze überbacken, bis der Teig aufgeht und goldgelb wird. Das sieht aus wie große Kochkunst und ist es auch. Achtung: Wegen der zusätzlichen Hitze dürfen die Entenbrustwürfel nicht ganz so gar sein! Sie garen unter dem Teigdeckel ja weiter und würden hart und trocken (dem Keulenfleisch macht das nichts aus).

Am *Dessert* habe ich mir fast die Zähne ausgebissen, sozusagen. Denn weiße Schokolade unterscheidet sich von brauner Schokolade nicht nur in der Farbe, sie ist viel süßer und hat die tückische Eigenschaft, nicht so steif zu werden wie braune, wenn man eine Mousse daraus macht. Deshalb nehmen Köche fast immer Gelatine. Ohne geht's aber auch und schmeckt besser:

2 Tafeln weiße Schokolade,
100 g Butter, 4 Eigelb, $\frac{3}{8}$ l Sahne,
$1\frac{1}{2}$ TL (oder 1 ›Briefchen‹) Pfefferkuchengewürz

Die Eigelb mit dem Gewürz weißlich-cremig rühren. Die Schokolade in einer Kasserolle mit schwerem Boden unter ständigem Rühren vorsichtig schmelzen lassen, nach und nach die zimmerwarme Butter unterrühren. Mit den Eigelb vermischen und immer weiterrühren, damit die Masse geschmeidig bleibt und sich nicht separiert. Auf Schnee (oder in Eiswasser) abkühlen lassen. Die Sahne in einer gekühlten Schüssel sehr steif schlagen, die kalte Creme unter die Sahne mi-

schen. Über Nacht in den Eisschrank stellen.
Dazu wenig Sauce, weil sonst der feine Lebkuchengeschmack verloren ginge. Und die Sauce bitte nicht so süß:

$\frac{1}{2}$ l Rotwein, 3 Birnen,
einige Rosinen, Zucker

Die geschälten und geviertelten Birnen mit 2 Nelken, den Rosinen und $\frac{1}{2}$ TL abgeriebener Zitronenschale im Rotwein garkochen. Die Birnen herausnehmen, pürieren und löffelweise wieder in den Wein geben. Jetzt erst zuckern. Das Birnenpüree bindet den Wein, darf ihn aber nicht in einen Brei verwandeln, deshalb entsprechend abmessen. Auch die Rosinen sparsam verwenden: Die weiße Mousse ist die Hauptsache und sollte von der Sauce unterstützt, nicht aber übertrumpft werden. Auch die Sauce wird kalt serviert, kann also ebenfalls am Vortag zubereitet werden.
Es genügt, wenn Sie das Dessert mit goldenen Löffeln essen.

REGISTER

HEYNE KOCHBÜCHER

HEYNE BÜCHER

Wolfram Siebeck im Wilhelm Heyne Verlag

Bücher für Zeitgenossen, die kulinarischen Genuß gleichsetzen mit Lebensqualität.

07/4264

07/4414

07/4446

07/4585

07/4486

07/4614

Über alle bei Heyne erschienenen Kochbücher informiert ausführlich das Heyne-Gesamtverzeichnis. Sie erhalten es von Ihrer Buchhandlung oder direkt vom Verlag.

Wilhelm Heyne Verlag München